DIE BRÜDER HUMBOLDT

GESCHICHTEN
AUS DER GEGENWART

DIE BRÜDER HUMBOLDT
GESCHICHTEN AUS DER GEGENWART

Herausgegeben von der Stiftung
Humboldt Forum im Berliner Schloss

PRESTEL
München · London · New York

INHALTSVERZEICHNIS

Hartmut Dorgerloh

VORWORT

Hätten sich die Brüder Humboldt für ein neues Kulturforum im teilrekonstruierten Berliner Schloss interessiert? Diese spekulative Frage lässt sich kühn mit Ja beantworten. Ja, sie hätten das Humboldt Forum besucht, und das nicht nur, weil sie im alten königlichen Schloss ein- und ausgingen. Hoffentlich würden sie auch Verständnis für die Namenspatenschaft aufbringen und sich mit dem Humboldt Forum ins Verhältnis setzen lassen. Ganz sicher aber hätten sie die eine oder andere Anregung gegeben und diese neue Kulturinstitution vielleicht sogar aktiv mitgestaltet.

Aber: Was macht uns, die wir in einer anderen Zeit leben, so sicher, den Berührungspunkt zu diesen beiden preußischen Gelehrten des 18. und 19. Jahrhunderts gefunden zu haben? Kann man Vorstellungs- und Ideenwelten derart weit auseinanderliegender Epochen zusammenbringen oder setzen wir sie in vielleicht unzulässiger Weise gleich? Plakativ oder sogar übergriffig? Welche Absicht steckte dahinter, ihre berühmten Namen an dieses Forum zu heften? Was fasziniert uns heute an Wilhelm und Alexander von Humboldt? Inwiefern werden die Humboldts zu Akteuren – und auf welche Weise aktivieren wir sie heute für die Fragen unserer Zeit?

Die Autor*innen dieses Buches begeben sich auf die Suche nach möglichen Antworten und Anknüpfungspunkten in ihrer Vielfalt und Widersprüchlichkeit. In jeweils einzelnen Kapiteln diskutiert David Blankenstein Themen wie Herkunft und das Verhältnis zur Macht,

Bildung und Wissen, Reisen und Sammeln, das Erforschen und Erlernen von Sprachen und die Konsequenzen kolonialer Zusammenhänge für das Denken und Handeln. Weitere Autor*innen ergänzen und vertiefen diese Aspekte. Der Brückenschlag in die Gegenwart wird nicht zuletzt in einer Bildstrecke anschaulich, die Veranstaltungen und Aktionen zu Ehren der Brüder Humboldt dokumentiert und Einblicke in die Ausstellungen im Humboldt Forum gewährt.

Wilhelm und Alexander sind im Humboldt Forum keine Denkmäler gesetzt worden. Aber sie tauchen überall im Haus auf, manchmal jäh und unverhofft. Sie schweben wie Hologramme im Raum und stellen unwillkürlich Fragen, wecken Zweifel an den brüchig werdenden alten „Gewissheiten". Sie verunsichern den europäischen wissenschaftlichen Blick auf die Kulturen der anderen Kontinente, sie suchen nach gesellschaftlichen, klimatischen, geografischen Zusammenhängen und nach dem Verbindenden zwischen Mensch, Fauna und Flora. Hier möchte ihnen das Humboldt Forum folgen. Ihr umfassendes, vernetztes Denken, die prägende Neugier und Offenheit, die Umstände ihres Daseins und die Verbindungen zur Programmatik des Humboldt Forums klingen an vielen Stellen im Haus an. So ist das Wirken dieser herausragenden Vertreter ihrer Zeit immer wieder Anlass, um ganz zentrale aktuelle kulturwissenschaftliche, (geo-)politische und ökologische Fragen im Humboldt Forum zu diskutieren. Und das mit einer größtmöglichen Öffentlichkeit, denn den Wert hochfrequentierter Orte für die Wissensvermehrung wussten schon die Brüder Humboldt zu schätzen.

Als bemerkenswert aufgeschlossene und bewegliche liberale Geister, wenn auch mit dem dominanten Blick der Forschenden, als sozial privilegierte und hofierte, wohlhabende Wissenschaftler, als globale Netzwerker und politische Strategen, als glühende Verfechter der europäischen Aufklärung wie der Französischen Revolution waren Wilhelm und Alexander von Humboldt einflussreiche Kulturinterpreten mit Alleinstellungsgarantie. Ein breites Medienecho und gesellschaftliche Aufmerksamkeit waren ihnen bereits zu Lebzeiten gewiss. Kaum jemand hatte wie Alexander die Möglichkeit, Forschungsexpeditionen in für Europäer noch weitgehend unbekannte und entfernte Gebiete durchzuführen, verlangten sie doch einen erheblichen personellen, technischen, finanziellen und organisatorischen Aufwand. Und nur wenige konnten sich, wie im Falle Wilhelms, eine solche Vielzahl an schriftlichen, schwer zugänglichen Quellen beschaffen, um die vergleichende Sprachforschung aus der Wiege zu heben und sich so viele Sprachen selbst anzueignen. Beide Humboldts blenden soziale Ungleichheiten nicht aus. Insbesondere mit Blick auf die kolonial besetzten, ausgebeuteten Gebiete kritisieren sie das Missverhältnis zwischen denen, die alles haben und jenen, denen alles fehlt. Entschieden traten sie für die Abschaffung der Sklaverei und die Gleichheit aller Menschen ein.

Andererseits formten ihre klaren Erwartungen und genauen Zielvorstellungen immer ein zu erforschendes Gegenüber. Die Bereicherung durch einen gleichberechtigten Austausch von Menschen und Kulturen, in dem sich das „Andere“ und „Fremde“ auflöst, kannten die Humboldt-Brüder noch nicht: „wie schwierig,

Reisepläne in Gegenden zu machen, wo die Karten nichts lehren, wo die, welche sich *prácticos del camino* nennen, genau alles wissen, was man nicht zu wissen wünscht ... man ertappt meist, was man gar nicht erwartet, und erlangt nicht, was man zu verfehlen unmöglich hielt."[1] Die gemeinsame Suche nach Themen, die verschlungene Wege nimmt und umso überraschendere Erkenntnisse verspricht, war den Humboldts noch fremd. Für das Humboldt Forum ist sie Daseinsberechtigung.

Ihr transdisziplinäres Denken in einer verknüpften Vielfalt von Wissen und Anschauungen, ihre Fähigkeit, Detailkenntnisse in universale Kontexte einzubetten, ihre Vorstellung von einer dynamisch bewegten, sich stets verändernden Welt, in der alles miteinander verbunden und noch die kleinste Lebensform Teil eines komplexen Netzwerks ist, ihr Streben, Wissen zu teilen und zu popularisieren – all dies sind Inspirationsquellen und Leitmotive für die programmatische Arbeit im Akteursverbund des Humboldt Forums. Dieses Modell eines schrankenlosen Themengenerators, der Wissen und Anschauungen in Bewegung hält und Menschen über alle Grenzen hinweg verbindet, hätten Wilhelm und Alexander von Humboldt begrüßt!

ば、何か紙に入ら
心にも何だか無
有って
credits: https://credits.humboldtforum.org/signage

Montblanc, Alpes
Pin. rubr. P. u
Pin. pic.
Que

HNE HIER DEIN LIEBLINGSTIER !

S. 10–11
Graffito des Künstlerduos How & Nosm in der Ausstellung *BERLIN GLOBAL* im Humboldt Forum mit dem Porträt Wilhelm von Humboldts und Ausschnitten aus Sprachmaterialien (links) sowie Adaptionen aus Alexander von Humboldts Werken (rechts), seit 2020

S. 12–13
Eine Installation aus Würfeln zum Anpacken und Mitgestalten, mit Bildelementen und Worten von Alexander von Humboldt (links) und von jungen Besucher*innen des Fests zu seinem 250. Geburtstag im Foyer des Humboldt Forums (rechts), September 2019

David Blankenstein

SCHLÖSSER UND IHRE BEWOHNER

15

AUFWACHSEN

Der Ort, an dem sich das Humboldt Forum befindet, war ein Ort der Macht, seit vor mehr als 570 Jahren dort ein Schloss stand. Heute trägt das Gebäude an drei Seiten die Fassaden des historischen Schlosses und den Namen zweier Brüder, die vor einem Vierteljahrtausend geboren wurden. Wenn man damals, vor gut 250 Jahren, von dort aus westwärts ging, über die Spree und den weder geteerten noch gepflasterten Boulevard Unter den Linden entlang, dann rechts durch ein jüngeres Viertel, die Friedrichstadt, konnte man die Stadt auf der nach demselben Friedrich benannten Straße nordwärts durch das Oranienburger Tor verlassen. Vorbei an der Scharfrichterei und dem Galgenplatz ging es dann über ein Flüsschen namens Panke, und – passierte man ein Gehöft mit dem Namen Wedding – weiter durch Felder, Gehölze und die Rehberge, die allerdings nur kleine Hügel waren. Schließlich gelangte man hinter einem Dorf namens Tegel zu einem Schlösschen, neben einer Mühle und unweit eines Sees gelegen. Der Weg, ziemlich genau zwei preußische Landmeilen (ca. 15 Kilometer) vom Berliner Schloss entfernt, dauerte damals, je nach Wetterlage und Zustand des jeweiligen Straßenabschnitts, etwa vier Stunden zu Fuß. Das Schloss in Tegel, eigentlich nicht viel mehr als ein größeres Haus, war einer der Wohnsitze der Brüder Humboldt, laut Wilhelm war sein Bruder Alexander am 14. September 1769 sogar dort geboren. Wilhelm war zwei Jahre zuvor im Potsdamer Kabinettshaus auf die Welt gekommen, wo der Vater Alexander Georg von Humboldt als Kammerherr der preußischen Kronprinzessin Elisabeth diente.

Das kleine Schloss in Tegel existiert noch heute, und zwar als das Haus, in das es Wilhelm von Humboldt und seine Frau Caroline umbauen ließen, als beide etwa Mitte Fünfzig waren. Was seitdem ein weiß gestrichenes Gebäude in regelmäßigen Formen mit kaum verzierten Fassaden und an den vier Ecken flach herausragenden Türmchen ist, war in der Kindheit der Brüder Humboldt noch ein Herrenhaus, dem ein einzelner Turm und der Wille eines königlichen Vorbesitzers das Ansehen eines Jagdschlosses verliehen hatten. Die Mutter Wilhelms und Alexanders, Marie-Elisabeth von Humboldt, hatte das Schloss von ihrem ersten Ehemann geerbt, als Teil eines Gutes, zu dem verschiedene land- und forstwirtschaftliche Flächen gehörten.

Auch ein wenig von der fernen Welt, die für die Brüder später so wichtig werden sollte, hatten sie schon als Kinder um sich: Zum Landbesitz gehörte eine Plantage der aus Asien stammenden Weißen Maulbeere, deren

Das Jagdschloss Tegel, 18. Jahrhundert

Blätter zur Zucht von Seidenraupen genutzt wurden. Die Jungen konnten in Tegel auch Kartoffelpflanzen beim Wachsen beobachten, jenen Import aus Amerika, der im 18. Jahrhundert großflächig in Preußen und Europa verbreitet wurde, Speise der Armen wie der Adligen.

Um über das Verhältnis der jungen Brüder Humboldt zur Welt Aufschluss zu erhalten, lohnt sich neben dem Blick nach draußen auch ein Blick auf ihre Schreibtische. Der 13-jährige Wilhelm von Humboldt berichtete einem seiner ehemaligen Privatlehrer – eine Schule besuchten die Brüder nie – über seine Unterrichtsmaterialien. Daher wissen wir zumindest für einen bestimmten Zeitpunkt, was sie lasen und auf welcher Grundlage sich ihr Welt- und Menschenbild prägte. Die schiere Masse ist aus der Perspektive unserer Zeit recht beeindruckend: Naturgeschichte für Kinder, Gedichtbände, Biografien, Unterweisungen in Glückseligkeit und Seelenlehre, lateinische und französische Grammatiken, vor allem aber Bücher zur Geschichte. Die des preußischen Königshauses, verfasst vom damaligen Hausherrn des Berliner Schlosses, König Friedrich II. (dem Großen) höchstselbst, die des Landes Brandenburg, Schriften über die Deutschen und das Deutsche Reich, über Frankreich und Russland. Schließlich ein damals sehr populäres Lehrbuch der allgemeinen Weltgeschichte, geschrieben für Kinder im

Alter von 12 bis 16 Jahren. Die Jugend solle damit nicht mehr nur auswendig lernen, so heißt es im Vorwort, das Buch solle Nachdenken und Urteilsbildung über vergangene Ereignisse fördern, als ein Mittel, um sich seiner selbst und seiner Verbindung mit der Welt bewusst zu werden:

> „Man muß also die Menschen überhaupt aus der Geschichte sehr gut kennen lernen; – uns selbst folglich eben so sehr: es ist unsere eigene Geschichte. Hier lernet man, daß die Menschen einander alle gleich sind; alle schwache und sehr vielen Fehlern unterworfene Geschöpfe; aber doch grosser und vortrefflicher Thaten fähig; hilflos an sich, aber dazu bestimmt, einander dieses kurze Leben erträglich und angenehm zu machen.“[1]

Die Lebensgeschichten der Brüder Humboldt selbst sind von einem hohen Maß an geistiger und faktischer Unabhängigkeit von den Mächtigen ihrer Zeit geprägt, und zugleich hatten beide bedeutende Rollen innerhalb des Apparats der Macht inne. Zum einen erlaubten es ihnen die Privilegien ihrer adligen Herkunft und noch mehr ihres finanziellen Wohlstands, sich zeitweilig außerhalb unmittelbarer Arbeitsverpflichtungen für das Königshaus und den preußischen Staat zu bewegen und selbstgewählten Tätigkeiten und Beschäftigungen nachzugehen, sich eigene (Reise-)Ziele zu stecken und Raum zu haben für die Entwicklung ihrer Ideen und wissenschaftlichen Konzepte. Untertanen ihrer Könige blieben sie dennoch, und sie waren beide immer wieder und in unterschiedlichen Positionen Teil des preußischen Hofes oder der staatlichen Verwaltung Preußens. Ihre Bildung war ebenso darauf ausgelegt: „Man bildete mir ein, dass ich Lust zu dem habe, was man in Deutschland Kameralwissenschaften nennt, eine Weltregierungskunst, die man erst dann versteht, wenn man alles, alles weiß“, erinnerte sich Alexander von Humboldt 1801.[2] Zu diesem Zeitpunkt hatte er gemeinsam mit seinem Bruder bereits Rechtswissenschaften an den Universitäten in Frankfurt an der Oder und Göttingen studiert, dann eine kaufmännische Ausbildung an der Handelsakademie in Hamburg erhalten, deren Ziel es laut ihrem Gründer unter anderem war, „die Beschaffenheit der bewohnten Länder der Welt, ihre Produkte und ihre Vorteile in Ansehung der in- und ausländischen Handlung“ zu vermitteln.[3] Und er hatte in Freiberg einige Zeit Bergbauwissenschaften studiert. Diese letzte Station war schon konkrete Vorbereitung auf

Etienne-Charles Leguay, Vorbereitungen zum ersten Jahrestag der Revolution, 1790. Der Tag der Schubkarren, Ausschnitt

eine Position im preußischen Bergdepartement, in dem er schnell Karriere machte und fast fünf Jahre tätig war. Wilhelm bewarb sich nach seinem Studium 1790 beim König für den Staatsdienst in dessen Ministerien. Dass ihn eine Amtskarriere nicht sonderlich interessierte, ist daran zu erkennen, dass er sich schon nach einem Jahr beurlauben ließ, um erst elf Jahre später wieder eine Tätigkeit im Dienst des Königs aufzunehmen.

Ohnehin war das Erwachsenwerden der Brüder von einem Ereignis geprägt, das aufregender war als eine Karriere am Hof oder im Staat. Und die das Staatsoberhaupt in einem anderen Land den Kopf kosten sollte. Wilhelm reiste 1789 nach Paris, als der französische König zwar noch lebte, aber landesweit Schlösser geplündert und niedergebrannt waren. „Die Bastille liegt in Trümmern", notierte er im Tagebuch, „und an ihre Stelle tritt ein Denkmal der endlich siegenden Freiheit."[4] Als Beobachter nahm er an Sitzungen der Nationalversammlung in Versailles teil, die eine Verfassung für die Nation und eine Erklärung der Menschenrechte erarbeitete. Nach diesen Eindrücken, die allem Gelesenen, Erlernten und Diskutierten die sicht- und spürbare Energie einer Gesellschaft im Umbruch gegenüberstellten, begann er selbst aktiv zu werden, nicht als Revolutionär, aber als Theoretiker von Freiheit, Staat und Ordnung. 1792 erschien in einer Berliner Zeitschrift erstmals ein Text von ihm: „Ideen über Staatsverfassung, durch die neue Französische Konstituzion veranlaßt."[5]

Alexander von Humboldt reiste ein Jahr später nach Paris, als jener erste Jahrestag der Erstürmung der Bastille am 14. Juli vorbereitet wurde, der heute noch Nationalfeiertag in Frankreich ist. An einem Tag im Jahr 1790, der als „Schubkarren-Tag" in die Geschichte eingegangen ist, kamen Bürgerinnen und Bürger auf dem Pariser Marsfeld zusammen, um Tribünen für den Festplatz aufzuschütten. Das gemeinsame Engagement von Frauen und Männern war eine buchstäbliche Bewegung für das Versprechen von Freiheit und die Teilhabe der Menschen an Gesellschaft und Staat. In einem Brief berichtete Alexander Monate später einem Bekannten, er habe selbst mit angepackt. „Wie vielleicht für die Geschichte des europäischen Menschengeschlechts keine Zeit wichtiger, als die jezige ist, so wird mir auch diese kurze Epoche meines Lebens immer die lehrreichste und unvergesslichste sein."[6] Diese Prophezeiung des damals 20-Jährigen dürfte sich in Anbetracht seines langen und ereignisreichen Lebens relativiert haben. Aber für beide gehörte die Frage, was Freiheit und Gleichheit bedeuten, für die einzelnen Menschen und ihr Zusammenleben wie auch für die Verfasstheit von Gesellschaften, Staaten und Nationen, tatsächlich lebenslang zu ihren Grundthemen.

An ihrem Lebensende waren beide dennoch wie bei ihrer Geburt Untertanen preußischer Könige. Die Forschung zu Wilhelm und Alexander von Humboldt ist sich heute weitgehend einig darüber, dass beide keine Revolutionäre waren, sondern Reformer, dass sie nicht gegen die Mächtigen agierten, sondern über lange Jahre Teil des Machtapparats waren, wenn auch als Vertreter sehr liberaler Auffassungen und überzeugt von der Notwendigkeit von Modernisierungen in allen Bereichen der Gesellschaft. Wilhelm diente König Friedrich Wilhelm III. zunächst als Gesandter beim Papst im von Napoleon besetzten Italien, wo es nicht viel zu tun gab und er sich seinen Antikestudien widmen konnte. Später war er ein Vertreter Preußens beim Wiener Kongress, als Napoleons Imperium zerschlagen und von den Siegermächten eine neue Ordnung für den Kontinent gesucht wurde, in der die preußische Monarchie und ihre Alliierten mehr Reaktion als Modernisierung durchsetzten. Damals kommentierte Wilhelm trotzig und frustriert: „Wenn auch König, Minister, jedermann das Gegenteil will, die Natur der Dinge und der Geist, der in diesem Jahrhundert weht, reißt alles mit sich fort."[7] Als Mitarbeiter der zum Innenministerium gehörenden „Sektion des Kultus und des öffentlichen Unterrichts" konnte er seine Idealvorstellung von einem Staat, in dem der König für die Sicherheit seiner Subjekte sorgt, sonst aber alles ihnen überlässt, einem Praxistest unterziehen. Dieser scheiterte zwar in

Jean-Baptiste Isabey, Studie der Amtstracht
Wilhelm von Humboldts beim Wiener Kongress, 1814

Teilen, dennoch kamen dabei eine Schulreform und die Gründung einer ersten Universität in Berlin heraus, die heute den Namen der Brüder Humboldt trägt. Außerdem entwickelte er in diesem Rahmen viele oft erst im Rückblick wahrgenommene kluge Gedanken und Versuche, eine Form für eine freie Gesellschaft in einem modernen Staat zu finden. Wenige Jahre später, nach der im böhmischen Karlsbad beschlossenen Einschränkung der Freiheit und Meinungen, beschloss Wilhelm von Humboldt, nicht mehr für König und Staat, sondern wieder für sich selbst zu arbeiten, in seinem kleinen Schloss in Tegel.

Alexander war noch nicht lange aus Amerika zurück, weltberühmt und – in den Wissenschaften – selbst mächtig, als der preußische König Friedrich Wilhelm III. Ansprüche auf ihn erhob und ihn zu seinem Kammerherrn ernannte, auch wenn dieser seinen damaligen Wohnsitz in Paris behalten durfte. Für gelegentliche Besorgungen und Fremdenführerdienste, wenn der König in der französischen Hauptstadt weilte, erhielt er eine jährliche Zuwendung, die er für seine Forschungen und Publikationen einsetzen konnte. Erst 20 Jahre später wurde der Untertan wieder nach Berlin berufen, auch wenn er die Freiheit heraushandeln konnte, sich mehrere Monate pro Jahr in der französischen Wissenschaftsmetropole aufzuhalten. Dort war sein Auftrag, Kunst, Kultur und

Wissenschaft zu beobachten (und Künstler und Wissenschaftler nach Berlin abzuwerben), in Berlin war er als Berater von König und Ministern tätig, um die kleine preußische Hauptstadt in eines der großen Zentren Europas für Wissenschaft, Kultur und Kunst zu verwandeln. Sein internationales Renommee, von dem auch der preußische Hof profitierte, und das Vertrauen, das er vor allem bei Friedrich Wilhelm IV. genoss, erlaubten es ihm, seine politischen Auffassungen – wenn auch wohldosiert – durchscheinen zu lassen. Eine zeitgenössische Insiderin charakterisierte sein Verhalten am Hof und seine Haltung in Anspielung auf die Zeit der Französischen Revolution folgendermaßen:

> „Ich würde nicht sagen, dass er vollkommen radikal ist, aber er ist in seinem Liberalismus ganz weit voraus und in Berlin scheint er die preußische Prinzessin auf Wege zu locken, die sie nicht immer mit genügend Vorsicht betritt. Im übrigen hat Humboldt zu viel Esprit, um sich selbst schädlich zu werden …“[8]

Die Brüder Humboldt stellten bei allem Interesse an der Revolution und ihren Ideen für ideale Verfassungen der Gesellschaften nie die Legitimität ihrer Könige in Frage. Und auch wenn beiden eine Repräsentation der Bevölkerung im Staat unerlässlich erschien – damit meinten sie die Bürger, aber noch lange nicht die Bürgerinnen. Doch auch diese demonstrierten im März 1848 als Teil einer Menschenmenge auf dem Berliner Schlossplatz gegen den König, der für die Einschränkung ihrer Freiheitsrechte verantwortlich war, und kämpften für ein allgemeines Wahlrecht. Diese Situation hat Alexander von Humboldt, anders als sein schon 1835 verstorbener Bruder, wohl leibhaftig erlebt. Die Ambivalenz der Nähe zu den Herrschern im Berliner Schloss einerseits und seiner Haltung zur Freiheit andererseits wird in einem Moment wie diesem offenkundig, da er sich im Inneren des Schlosses befand, während außerhalb preußische Soldaten auf die protestierenden Menschen schossen. Vier Tage und 183 zivile Opfer eines blutigen Straßenkampfes später schloss sich Alexander wiederum dem Leichenzug der für Freiheit und demokratische Prinzipien Gefallenen vor der barocken Fassade an – dort, wo heute erneut die Machtsymbole der preußischen Könige zu sehen sind.

Alfred Hagemann

DIE WURZELN DER BRÜDER HUMBOLDT AM BERLINER HOF

Die Brüder Humboldt sind als „bürgerliche Helden" in Berlin allgegenwärtig. Ob im Humboldthafen am Hauptbahnhof (1850), im Weddinger Volkspark Humboldthain (1869) oder dem Humboldt-Klinikum in Reinickendorf (1912). Unweit des Humboldt Forums (2020), vor der Humboldt-Universität (so benannt 1949), stehen am Boulevard Unter den Linden auch die beiden 1883 aufgestellten, repräsentativen Denkmale der Brüder.

Die Benennung dieser Orte seit dem mittleren 19. Jahrhundert zeugt davon, wie groß die Verehrung des liberalen Bürgertums war, die vor allem Alexander galt. Ungeteilt war diese Bewunderung indessen nicht, denn konservative Kreise und der Hof reagierten gereizt auf die Humboldt-Euphorie, wie Alexander von Humboldt schon 1852 selbst analysierte:

> „Ich bin ja, während der letzten Jahre, selbst eine missliebige Person geworden; und würde längst als Revolutionär und Autor des gottlosen ‚Kosmos' ausgewiesen sein, verhinderte dies nicht meine Stellung beim

Johann Heinrich Schmidt, Alexander und Wilhelm von Humboldt, Jugendbildnisse, 1784

> Könige. Den Pietisten und Kreuzzeitungsmännern bin ich ein Gräuel.“[1]

Diese Spannung spiegelt zehn Jahre nach dem Tod Alexanders auch die Auseinandersetzung um die Aufstellung der genannten Standbilder wider. Die Initiative dafür ging 1869 von prominenten liberalen Bürgern wie Rudolf Virchow, Werner Siemens und Emil du Bois-Reymond aus. Sie wollten im Herzen der Stadt, umgeben von den Monumenten der Monarchie, ein Denkmal für ihn errichten. Es dauerte aber über ein Jahrzehnt, das Projekt gegen den Widerstand der Regierung und König Wilhelms I. durchzusetzen. Der Durchbruch gelang erst über den Kompromiss, für Wilhelm von Humboldt eine gleichrangige Skulptur zu schaffen.

Bis heute wird insbesondere Alexander von Humboldt vielfach als Repräsentant des aufgeklärten, liberalen und internationalen Berlin wahrgenommen – und damit als Gegenpol zu den aristokratischen Traditionen der alten preußischen Residenzstadt.

Wie so häufig bei solchen „Schubladen“ lohnt auch hier ein zweiter Blick, um sich den komplexen Realitäten anzunähern. Bevor die Brüder Humboldt liberale Identifikationsfiguren werden konnten, waren sie zuallererst eines: Vertreter des preußischen Adels und Teil der höfischen Elite. Ihre soziale Stellung, Erziehung und beruflichen Möglichkeiten waren durch die Nähe zur königlichen Familie geprägt. Das zeigt exemplarisch ein Blick in das Taufregister des Berliner Doms:

> „Den 14ten Sept: 1769. Morgens um 9 Uhr ist meine Frau mit einem jungen Sohn gottlob glücklich entbunden, und dieser Sohn hat den 9ten Octobr: 1769 durch

den Herrn Ober-Consistorial=Rath Sack hochwürden die heilige Taufe und die Nahmen Friedrich, Wilhelm, Heinrich Alexander empfangen."[2]

Der Ort für die Taufe Alexander von Humboldts und die im Register folgende Liste der Paten sind bezeichnend. Der Berliner Dom war die Hofkirche der Hohenzollern. Hier fanden die Taufen, Eheschließungen und Trauerfeiern derjenigen Familien statt, die am Hof Dienst taten. Wie in diesen Kreisen üblich, übernahmen Mitglieder der Königsfamilie die Patenschaft – in diesem Falle liehen keine geringeren als Kronprinz Friedrich Wilhelm (II.) und der Bruder des Königs, Prinz Heinrich von Preußen, dem Kind ihre Vornamen.

Der Vater des Täuflings, Alexander Georg von Humboldt, war Kammerherr der Prinzessin Elisabeth Christine Ulrike, der Gattin des Thronerben. Damit gehörte er zum inneren Zirkel des preußischen Königshauses. Auch die Wohnsituation verdeutlichte dies: Die Familie Humboldt lebte im Haus des Thronfolgers am Neuen Markt in Potsdam. Hier wurde 1767 Humboldts ältester Sohn, Wilhelm, geboren. Und hier kam 1770 auch der älteste Sohn des Prinzen, der spätere König Friedrich Wilhelm III., zur Welt.

Die Brüder Humboldt und Friedrich Wilhelm III. gehörten also nicht nur derselben Generation an, sondern waren Teil desselben sozialen Systems. Das trifft insbesondere auch auf ihre (Aus-)Bildung zu. Die Eltern hatten ähnliche Vorstellungen davon, wie die Erziehung eines zukünftigen Königs, aber auch eines preußischen Adligen und Beamten auszusehen hatte. Es ist auffällig, wie viele der Lehrer der jungen Humboldts auch bei der königlichen Familie in Dienst standen. So unterrichtete Claude Étienne Le Bauld de Nans sowohl die Brüder Humboldt als auch die preußischen Prinzen und Prinzessinnen in Französisch. Der aufgeklärte und reformorientierte Pädagoge Johann Heinrich Campe war ab 1775 Hauslehrer der Brüder und erhielt aufgrund seines Renommees 1786 von König Friedrich Wilhelm II. den Auftrag, ein Erziehungskonzept für seinen Nachfolger zu erstellen. Der jüdische Arzt Marcus Herz hielt regelmäßig naturwissenschaftliche Vorträge, bei denen die Humboldts, aber auch Mitglieder der königlichen Familie zugegen waren. Nicht zuletzt ist auch der Schriftsteller und Philosoph Johann Jakob Engel zu nennen, ein Lehrer der Humboldts ebenso wie Friedrich Wilhelms III. und darüber hinaus ein wichtiges Mitglied der Bauerschen Lesegesellschaft, in die er die jungen Brüder einführte. Hier trafen sich in den

1780er-Jahren adlige und bürgerliche, jüdische und christliche Männer und Frauen verschiedener Generationen im Geist der Aufklärung. Henriette Herz – die berühmte Salonière und Gattin des genannten Mediziners – schildert sehr plastisch, wie man sich diese Abende vorstellen muss:

> „[Da waren] außerdem die beiden sechzehn- bis achtzehnjährigen Brüder Wilhelm und Alexander von Humboldt, damals schon von feiner Sitte, lebendig, geistreich, kurz, durchaus liebenswürdig, und von umfassendem Wissen. [...] Die Versammlungen fanden stets beim Kastellan des Königlichen Schlosses, Hofrat Bauer, statt [...]. Gelesen wurde jedesmal. Kleinere und größere Aufsätze, lyrische und epische Dichtungen, Dramatisches usw. wechselten ab, und sowohl Männer als Frauen lasen vor. Aber im Winter tanzten wir jüngeren nach dem frugalen Abendessen [...] und im Sommer spielten wir allerlei gesellige Spiele im Freien."[3]

Ort und Gastgeber sind auch in diesem Falle aufschlussreich. Carl Ludwig Bauer war ein Grenzgänger zwischen Hof, aufgeklärtem Bürgertum und Künstlerkreisen. Als Kastellan war er einerseits eine der wichtigsten Personen im Verwaltungsapparat des Schlosses. Gleichzeitig war er selbst künstlerisch und technisch versiert – er entwarf Möbel für den König und baute höchst aufwendige Musikautomaten. Dieser ungewöhnliche Mann hatte seine Wohnung im Apothekenflügel des Berliner Schlosses, in direkter Nachbarschaft zum Dom. Hier empfing er die Gäste der Lesegesellschaft. Wie diese eine Mischung aus Hofadel und Bürgertum darstellten, so war auch der Ort ein wichtiges Bindeglied zwischen Stadtgesellschaft und Hof. Seit alters her befand sich hier die Hofapotheke, in der die Berliner*innen nicht nur Medizin, sondern auch teure Zuckerwaren erwarben. Bis 1784 hatte die öffentlich zugängliche königliche Bibliothek im Obergeschoss ihren Platz, länger noch war auch die Hofdruckerei im Apothekenflügel untergebracht. Dort wurden neben den Werken Friedrichs II. Autoren der Aufklärung wie Iffland, Pestalozzi und Lavater verlegt. Im direkt angrenzenden Flügel des Schlosses lag schließlich im dritten Obergeschoss die Kunstkammer, die wichtigste Kunst- und Naturaliensammlung der Stadt.

Nach ihrer Jugend mit einer so ähnlichen Prägung trennten sich die Wege der Brüder Humboldt und des Thronfolgers für Jahrzehnte. Wilhelm hielt sich lange in Paris, Rom, Wien und London auf und kehrte erst 1819, mit 52 Jahren, dauerhaft nach Berlin zurück. Alexander

Johann Georg Rosenberg, Berliner Dom, Apothekenflügel und Berliner Schloss, 1780 (Ausschnitt)

verbrachte im Anschluss an seine berühmten Reisen nach Nord- und Südamerika einen Großteil seines Lebens in Paris. Erst nach 1827, er war inzwischen 58 Jahre alt, wurde Berlin wieder zu seinem Lebensmittelpunkt.

Dennoch standen beide lange im Dienst Friedrich Wilhelms III., seit 1797 König von Preußen. Wilhelm von Humboldt erfüllte als Gesandter in wichtigen Missionen wie dem Wiener Kongress und als Ministerialbeamter zum Beispiel bei der Gründung der Berliner Universität eine bedeutende Rolle für Preußen; der international berühmte Alexander war seit 1807 bis zu seinem Tod Kammerherr des Königs und erhielt stets sein Salär, auch wenn er für Jahrzehnte abwesend war. Beide machten dennoch aus ihrer Kritik an vielen politischen Entscheidungen des Königs keinen Hehl. Wilhelm trat aus Protest gegen die reaktionären Karlsbader Beschlüsse 1819 von seinem Ministeramt zurück; Alexander weckte durch seine Sympathien für die Revolutionäre in Paris großes Misstrauen am Hof.

Weder die Abwesenheiten noch die politischen Differenzen änderten jedoch etwas an dem grundsätzlichen Vertrauen, das zwischen den Humboldts und Friedrich Wilhelm III. lebenslang bestand. Dieses gründete mit Sicherheit auch auf ihren ähnlichen Überzeugungen, geprägt von denselben Lehrern. So konnte Alexander von Humboldt über sein Verhältnis zum König 1840 resümieren, dieser sei ein „vortrefflicher Monarch“, weil er ihn „eines langen Vertrauens würdigte und nie meine geistige Unabhängigkeit schmälerte“.[4]

Jan Mende

BERLINER FREIRÄUME!

Alexander von Humboldt, die Freiheit des Bürgertums und der Luxus aus aller Welt

Berlin ist ein Ort der freien Entfaltung, ein Nährboden für ein von Vielfalt geprägtes urbanes Leben. So zeichnen autonome Rückzugsräume, ein breites religiöses Spektrum und sexuelle Diversität diese Stadt aus. Doch wo sich die einen ihren Freiraum nehmen, kann es für andere eng werden! *Freiraum*, das ist ein Themenbereich der Ausstellung *BERLIN GLOBAL* im ersten Obergeschoss des Humboldt Forums, just dort, wo sich an der Ostecke des früheren Hohenzollernschlosses das Appartement von Kronprinz Friedrich Wilhelm (IV.) und seiner aus dem bayerischen Königshaus stammenden Ehefrau Elisabeth befand.

Der heute noch existierende Runderker gab und gibt den Blick frei über die Spree zum Altberliner Nikolaiviertel. Die Brücke über den Spreearm ist ein funktionaler Neubau, deren Vorgänger vor 200 Jahren einem Bollwerk glich, bekrönt vom Reiterstandbild des Großen Kurfürsten. „Auf dieser Brücke ist ein ewiges Menschengedränge", bemerkte Heinrich Heine 1822, und er hatte Recht: Über die Ost-West-Magistrale wälzte sich der Verkehr auf ganzer Straßenbreite, hier war Berlin eine wirkliche Großstadt.[1]

Johann Heinrich Hintze, Wohnzimmer der Kronprinzessin Elisabeth im Berliner Schloss, „Grünes Zimmer“ mit Runderker, 1838

Reitender Kurfürst, Brücke, Passant*innen, Kutschen und hoch bepackte Fuhrwerke – dieser pittoreske Anblick bot sich Kronprinzessin Elisabeth von ihrem verglasten Vorbau aus, umgeben von Zimmerpflanzen und Bildwerken. Zwischen 1824 und 1826 hatte Stararchitekt Karl Friedrich Schinkel nicht nur ihr Wohnzimmer samt Erker, sondern die ganze angrenzende Raumflucht für das Kronprinzenpaar hergerichtet: Sternsaal, Teesalon und die zum Arbeitszimmer umgewidmete Erasmuskapelle waren künstlerisch anspruchsvollste Interieur-Schöpfungen.

Schinkel hatte diese Räume als Musterwohnung geplant, als Beispiel für eine von Kunst und Design geprägte moderne Wohnkultur. Friedrich Schillers ambitioniertes Konzept der *Ästhetischen Erziehung des Menschen* stand dabei Pate: Die alltägliche Begegnung mit Kunst sollte unmittelbar auf die ethisch-moralische Konstitution der Betrachtenden einwirken und so eine Läuterung herbeiführen, die über die Einzelnen hinaus die ganze Gesellschaft ins Positive wenden würde. Die Brüder Humboldt kannten Schiller persönlich, beide unterstützten dessen Ideen. Als Chef der Museumskommission und Initiator des Preußischen Kunstvereins ging es Wilhelm von Humboldt darum, möglichst vielen Menschen den Zugang zur Kunst zu verschaffen. Sein Bruder engagierte sich in der Förderung junger Künstler*innen oder als Berater des Königs, wenn es um Kunstankäufe oder Denkmalprojekte ging. Die ihm angetragene Position als Direktor des neu erbauten Museums lehnte der Freigeist dagegen ab.

Biedermeier-Interieur des gehobenen Bürgertums, rekonstruiert im Museum Knoblauchhaus, Berlin

Beiden Humboldts standen Wege offen, sich persönlich am Hofe Gehör zu verschaffen. Als Kammerherr hatte Alexander oft sogar täglich mit Friedrich Wilhelm III. und dessen Nachfolger zu tun, und er hielt sich häufig in der Wohnung des Kronprinzenpaares auf. Die Pflicht zur Anwesenheit war der Preis für die Privilegien, die damit verbunden waren. Doch er wurde gebraucht bei Hofe, nicht nur als universal gebildeter wie kurzweiliger Unterhalter, der Anekdotisches mit fundiertem Wissen verband: „Während des Essens führte er uns nach Chili und China, nach Mexiko und Kamtschatka, in die Sonne und auf den Merkur“, notierte ein Zeitzeuge.[2] Spitzzüngig nannte Bettina von Arnim ihn gar den „Oberhoflückenbüßer“.[3] Schon 1806, als Alexander aus Amerika zurückkehrte, hatte sich der erst elfjährige Kronprinz gewünscht, der Weltreisende solle ihm doch eine Insel entdecken, bewohnt von, wie er im rassistisch geprägten Duktus seiner Zeit meinte, „Wilden, die noch keine ordentliche Sprache haben“ – Humboldt, das war schließlich jemand, dem alles zuzutrauen war![4]

Die Zeitgenossen nahmen die Diskrepanz zwischen der liberalen, gar jakobinischen Attitüde und der persönlichen Nähe Alexander von Humboldts zum preußischen Königshaus sehr wohl wahr. Klatsch und Tratsch thematisierten „seinen beständigen Aufenthalt bei Hofe, seine Anwesenheit auf allen Festen, Bällen, Zirkeln“.[5] Aber er besaß eben die Narrenfreiheit der Wissenschaftskoryphäe! Er ließ sich einerseits von der Community der Gebildeten und

Carl Friedrich Zimmermann,
Berliner Abendgesellschaft, um 1816

Kultursinnigen als einen der Ihren feiern und schätzte andererseits die Annehmlichkeiten des Hoflebens inklusive Kost, Logis und üppiger Jahrespension.

Als Gelehrter überbrückte Alexander von Humboldt diese Gegensätze spielerisch. Denn war Wissenschaft nicht ebenso wie die Kunst ein von allen banalen Zwängen abgesetztes weltbürgerliches Universum? „Beide", so meinte Johann Wolfgang von Goethe, „gehören wie alles Gute der ganzen Welt an."[6] Und Humboldt wusste das dem Publikum nahezubringen, zu seinen *Kosmos*-Vorträgen strömten die Massen. Frauen machten die Hälfte seines Auditoriums aus, und das war ungewöhnlich für eine Zeit, die ganz auf biologistisch begründete, frauenfeindliche Geschlechterzuschreibungen setzte.

Im „Spreeathen" der 1820er-Jahre pflegte man den gesellschaftlichen Konsens. In diesem klassischen Jahrzehnt ließ der König Schauspielhaus und Museum erbauen, und das Bürgertum nahm diese Begegnungsstätten dankbar in Besitz. Politisch gab es kaum Gegenwind. Vielmehr herrschte ein Agreement zwischen der preußischen Staatsbeamtenschaft und vor allem dem Wirtschaftsbürgertum. Das erklärt auch, warum die Berliner*innen die ihnen eingeräumten politischen Rechte kaum in Anspruch nahmen und sich beispielsweise ungern an der Kommunalwahl beteiligten. Und akzeptierte nicht sogar der Freigeist Alexander von Humboldt im Sommer 1829 einen Maulkorb-Deal mit dem Zarenreich? Drei Jahre zuvor hatte er in seinem *Essai politique sur l'île de Cuba* die Sklaverei auf den kubanischen Zuckerplantagen angeprangert. Nun aber, da es um das Gelingen seiner Asienexpedition ging, die vom Wohlwollen des Zaren abhing, schwieg er zum Unrecht der russischen Leibeigenschaft.

In Berlin selbst schienen Menschenhandel und Sklaverei ein fernes Thema, weit weg von der eigenen Lebensrealität. In den Salons und Vereinen feierte das Bürgertum seine sozialen und kulturellen Freiräume. Reich musste man gar nicht sein, um dazuzugehören. Bildung, innovatives und freiheitliches Denken, das zählte: „Für Gelehrte ist übrigens Berlin ein kleines Eldorado“, notierte Ludwig Börne denn auch, „sie werden respektiert und gefüttert, sie können alle Tage zu Gaste gehen.“[7]

Allerdings war diese Art von Freiraum dem Bürgertum vorbehalten. Dass der eigene Lebenswandel unmittelbar mit sozialer Ungleichheit zu tun hatte, wussten die Bildungseliten. Schließlich waren Fabriken Sehenswürdigkeiten, und die Schaulustigen sahen, wie es dort zuging, nicht nur, was Kinderarbeit anbelangte. Sie trösteten sich mit der Vorstellung von einer aufstrebenden Industrie, die Wohlstand für alle bringen würde. Aber Berlin war damals auch eingewoben in ein globales Wirtschaftssystem, das der Westen vielen Weltregionen aufgedrängt hatte. Der Blick auf die Einkaufslisten jener Zeit offenbart, dass die damals in Berlin konsumierten Importwaren oft auf der gewaltsamen Ausbeutung unfreier Menschen beruhte, egal, ob es um Baumwolle, Tee, Kakao, Zucker, Tabak oder Indigo ging. So bezogen die Berliner*innen das Mahagoniholz für ihre Biedermeiermöbel aus britischen Kolonien in der Karibik oder auch aus dem brasilianischen Regenwald; das Elfenbein der Klaviertasten stammte von Elefanten in Afrika und Indien. Selbst der Löwe, den ein im Zuckerhandel reich gewordener Privatmann 1831 dem königlichen Privatzoo auf der Pfaueninsel schenkte, hatte noch die berüchtigte Dreiecksroute vom ostafrikanischen Senegal über die Karibik nach Europa genommen.[8] Seit dem 16. Jahrhundert waren auf dieser Tour etwa zwölf Millionen Afrikaner*innen nach Amerika zwangsmigriert worden.

Dabei lernten in Berlin schon Schulkinder, unter welch entsetzlichen Bedingungen Menschen aus Afrika mit Gewalt deportiert wurden, wie „Schlachtvieh“.[9] Es gab Augenzeug*innen wie Alexander von Humboldt, die davon in Berlin berichteten, oder auch bildliche, teils romantisch verklärende Grafiken, wie jene aus der *Malerischen Reise in Brasilien*, die Johann Moritz Rugendas ab 1827 herausgab. Und mit dem im selben Jahr in Berlin aufgeführten Stück *Isidor und Olga* ließ der Dichter Ernst Raupach sogar „das

Hermann Brüggemann, Die Maschinenbauanstalt von Julius Freund in Charlottenburg, um 1860

Laurent Deroy nach Johann Moritz Rugendas, Zubereitung von Mandioca-Wurzeln in Brasilien, 1836

ganze Grauen russischer Leibeigenschaft, in der jede Menschenwürde getreten wird, erschütternd auf den Zuschauer wirken".[10] Niemand konnte behaupten, nichts davon zu wissen!

THERE ARE MORE CONNECTIONS IN
BRAIN THAN STARS IN OUR
TAP TO DISCOVER
DEUTSCH | ENGLISH

S. 34–35
Spitzenforschung materialisiert und verbildlicht in den Räumen der Humboldt-Universität und ihrer Auftaktausstellung *Nach der Natur* im Humboldt Forum: Netzgewebe aus Bakterien, ein virtueller Fischschwarm (links) und ein interaktives Display zur Nervenforschung (rechts), seit 2020

David Blankenstein

KRAFT DES LEBENS

Aus heutiger Sicht erscheint es geradezu unheimlich, mit welcher Fülle an Wissensgebieten und wissenschaftlichen Disziplinen sich die Brüder Humboldt beschäftigten. Ein aktuelles Werk über Alexander von Humboldt führt 34 Fachrichtungen auf, von der Amerikanistik bis zur Zoologie, die Zählung ließe sich sicherlich ergänzen. Auch für Wilhelm von Humboldt lassen sich Tätigkeiten in zahlreichen Wissenschaftsfeldern von der Altphilologie bis zur Volkskunde nennen. Tatsächlich leisteten beide viel dafür, einzelne Wissenschaftsbereiche zu präzisieren und abzugrenzen, für manche Disziplinen gelten sie heute als Gründer, in anderen als Vorreiter. Um zu verstehen, wie sie Wissenschaft praktizierten, ist eine Katalogisierung ihrer Betätigungsfelder aber nicht ausreichend, ebenso wenig die häufig nahegelegte Zuordnung Alexanders zu den *Naturwissenschaften* und Wilhelms zu den *Geisteswissenschaften*. Auch, sie als Genies oder Universalgelehrte zu bezeichnen, entwirft ein Bild, das wohl weder ihrer eigenen Wahrnehmung noch ihrer Rolle innerhalb der Wissenskulturen ihrer Zeit gerecht wird.

In dieser Zeit hatte eine „Explosion des Wissens" begonnen, die das Verhältnis der Menschen zu sich selbst und der Welt um sie herum veränderte und die bis heute andauert.[1] In Europa hatten sich in den Jahrhunderten zuvor gigantische Reservoirs an Wissen gebildet, in Klöstern, in fürstlichen, universitären und privaten Gelehrtenbibliotheken und Sammlungen. Das Wissen der europäischen Antike, aus dem arabischen oder dem chinesischen Kulturraum und die durch Expeditionsreisen gewonnenen Erkenntnisse über immer mehr Regionen der Welt standen Gelehrten in Europa zur Verfügung. In den größeren Städten begannen Uhrmacher und Spezialisten in Zusammenarbeit mit Forschern, Mess- und Beobachtungsinstrumente aus Glas, Keramik, Messing und Holz zu bauen, die immer präziser wurden und damit vergleichbare Daten produzierten, die nicht mehr nur von einem Wissenschaftler in Berlin, sondern auch von Kollegen in London, Genf oder Bogotá genutzt werden konnten. Alexander von Humboldt hatte eine ganze Reihe solcher Instrumente bei sich, als er in Amerika reiste. Die eigentliche Explosion lag aber nicht allein in der sprunghaften Vermehrung von Daten in Einheiten wie Fahrenheit, Bar oder dem neu eingeführten metrischen System, in Klassen-, Gattungs- und Artbezeichnungen für Lebewesen, Namen für immer mehr und weiter entfernte Gestirne und der Entdeckung neuer Kräfte wie der Elektrizität oder des Magnetismus. Es waren vor allem der Austausch und die Verständigung über das Wissen, die

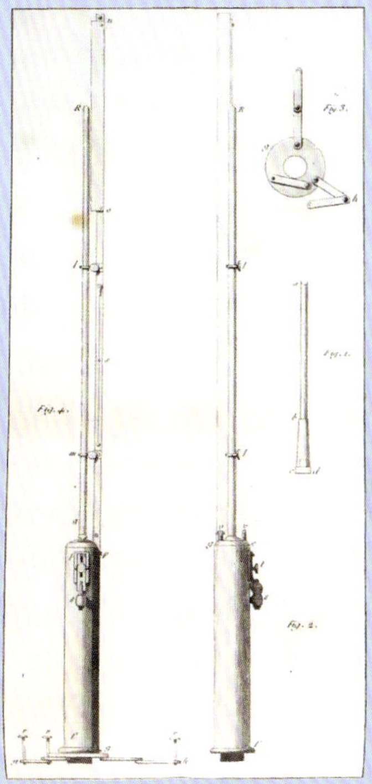

Von Alexander von Humboldt erdachtes tragbares Barometer, 1798

eine bis dahin unbekannte Dynamik entfalteten. Briefe, Fachzeitschriften, Bücher und reisende Gelehrte verbanden nicht nur die Wissenszentren an größeren und kleineren Universitäten und privaten Gelehrtenstuben, sondern bewirkten, dass zunehmend philosophische Fragen mit Phänomenen aus der Naturbeobachtung oder der Geschichte von Menschheit und Natur zusammengedacht wurden. Von heute aus betrachtet, da Wissenschaftler*innen höchst spezialisiert sind, mag es paradox wirken, dass Gelehrtenkarrieren damals die Vertiefung in kleinste Details und die Suche nach Überblick und größten Zusammenhängen verbanden. Für Menschen, die wie die Humboldts schon in jungen Jahren Muße und Möglichkeit hatten, Wissen in enormer Breite aufzunehmen, war diese Explosion des Wissens eine Zeitenwende. Dass sich immer mehr Menschen über alte und neue Erkenntnisse, Theorien und Daten verständigen konnten, förderte die Akzeptanz neuen Wissens – und die Kritik an alten Vorstellungen. Es war das hochdynamische und gemeinschaftliche Projekt einer Neuorganisation, nicht zuletzt geprägt vom Selbstbewusstsein junger Forscher, die sich bemächtigt fühlten, Traditionen und altherge-

Louise Henry, Wilhelm von Humboldt
in seinem Arbeitszimmer, 1826

brachte Gedankengebäude auf den Prüfstand zu stellen und zu verwerfen, wenn diese durch kritische Betrachtung und aktuelle Forschungsergebnisse Risse bekamen. Wilhelm von Humboldt war gerade Mitte zwanzig, als er 1793 diese Dynamik in einem Brief an einen Freund auf den Punkt brachte:

> „Eine völlige Restauration der Wissenschaften und mehr als dies, alles menschlichen Bemühens ist seit Jahrhunderten notwendig, und die Notwendigkeit wächst mit jedem Jahre. Zu dieser Restauration ist der wichtigste Schritt, Einheit in alles menschliche Streben zu bringen, zu zeigen, daß diese Einheit der Mensch ist, und zwar der innere Mensch, und den Menschen zu schildern, wie er auf alles außer ihm und wie alles außer ihm auf ihn wirkt, daraus den Zustand des Menschengeschlechts zu zeichnen, seine möglichen Revolutionen zu entwerfen und die wirklichen, soviel möglich, zu erklären."[2]

Diese wenigen Zeilen umreißen ein Programm, in dessen Zentrum der Mensch steht, in seiner Verbindung mit der äußeren Welt. Und es ist kein rein wissenschaftliches

Projekt, sondern auch ein philosophisches und politisches: Der „innere Mensch" im Verständnis Wilhelm von Humboldts ist der begreifende, denkende und fühlende Mensch, der in der Lage ist, seine Beziehung zur Welt von selbst und neu zu entwickeln, und zwar nicht mehr auf dem Fundament von Vorstellungen einer göttlichen Vorsehung oder anderer tradierter kultureller Erzählungen.

Aus sehr verschiedenen Perspektiven entwickelte sich damals eine Neubewertung dessen, was der Mensch als Teil der Natur einerseits und der Gesellschaft andererseits ist. Einer der vielgelesenen Philosophen in der Jugendzeit der Brüder Humboldt, der Schweizer Jean-Jacques Rousseau, forderte, dass die Natur Lehrmeisterin der Kinder sein solle. Ohne den Ballast menschengemachter Regeln und Dogmen sollten sie lernen, den eigenen Wahrnehmungen und Erfahrungen ihrer Welt zu vertrauen, damit sie frei und unabhängig denkende und handelnde Mitglieder der Gesellschaft würden. Harte Fakten über die Natur des Menschen wurden dagegen auf den Seziertischen der Anatomen gesammelt, hier ging es nicht nur darum, den menschlichen Körper und seine Organe besser zu begreifen, sondern den Menschen durch den Vergleich mit anderen Tieren in den Zusammenhängen des Lebens zu verorten. Es fällt heute schwer, sich Forschende vorzustellen, die sich auf dem Feld von Erziehung und Bildung gleichermaßen wie dem der Anatomie betätigen. Wenn Wilhelm von Humboldt zu Recht vor allem mit der geistigen Bildung in Verbindung gebracht wird, so hat er doch auch einige Zeit lang ganz praktisch menschliche Leichname seziert. Wie sein Bruder spöttisch schrieb, sogar „mit kannibalischer Wuth"[3] an selbst erworbenen Körpern verstorbener Bettler.

Dass aufstrebende Forscher aus gutem Hause Leichname der sozial schwächsten Glieder der Gesellschaft erwerben konnten, oder – wie Alexander von Humboldt – Versuche an Tieren, lebendig oder nicht, durchführten, wirft unvermeidlich die Frage nach ethischen Maßstäben der Wissenschaft auf. Über die Grenzen dessen, welche Handlungen akzeptabel waren und welche nicht, wurde am Ende des 18. Jahrhunderts unter Philosophen und Naturforschern tatsächlich rege debattiert, auch im Zuge des sich verändernden Verständnisses vom Leben und dem Platz des Menschen in der Natur. Dabei spielten Fragen der Würde des Menschen bereits eine Rolle, ebenso wie die nach der Behandlung leidensfähiger Tiere. Die Bewertung des Nutzens für die Gesellschaft und den wissenschaftlichen Fortschritt lag damals allerdings noch weitgehend in der Hand der praktizierenden

Dominique-Vivant Denon, Frosch mit Menschenkopf, ein Kommentar zur galvanischen Forschung um 1800

Forscher und war lange kein Gegenstand einer gesetzlichen Regulierung.

Während sich Wilhelm – wie übrigens auch der ältere Freund Johann Wolfgang von Goethe – bemühte, aus der Form der Körper(bestand)teile Schlüsse auf die Verbindung des Körpers mit dem geistigen Leben des Menschen zu ziehen, ging es Alexander eher um Fragen der unsichtbaren Vorgänge, die sich in Organismen vollzogen: Was geschieht beim Atmen, wie entsteht körperliche Bewegung – und damit zusammenhängend die Frage: Was ist das Leben überhaupt, und wie hängt es mit der Umwelt zusammen? Im späten 18. Jahrhundert gab es in Europa schon erste Instrumente, mit denen bestimmte Luftbestandteile wie Stickstoff und Kohlensäure (was wir heute CO_2 nennen) gemessen werden konnten. Alexander von Humboldt nutzte sie, um die Atemluft von Menschen und Tieren ebenso wie die Umgebungsluft an verschiedenen Orten zu messen, auch tief unter der Erde in Bergwerken. Über mehrere Jahre waren auch „Elektrisiermaschinen“ und „galvanische Säulen“[4], also stromgebende Instrumente, stetige Begleiter Alexanders, überdies Tausende Tiere, die im Rahmen seiner Experimente mit dem Strom ums Leben gebracht wurden. Die Ergeb-

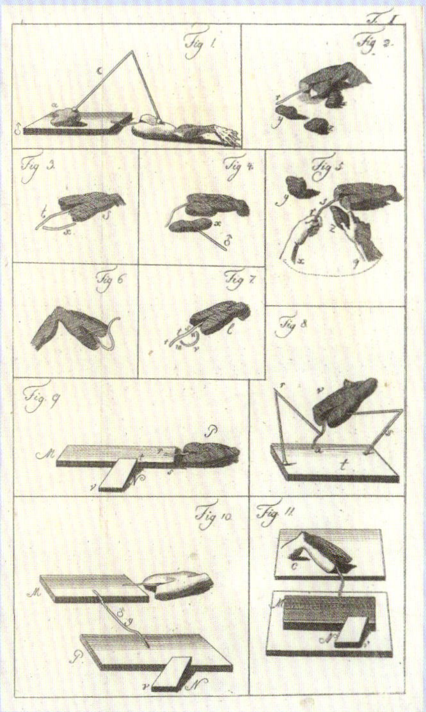

Abbildung zu einem galvanischen Versuch aus Alexander von Humboldts *Versuche über die gereizte Muskel- und Nervenfaser*, 1797

nisse aus immer neuen Versuchsreihen, mit zuckenden Froschschenkeln, an Füchsen, Hunden, Pferden und sogar elektrischen Versuchen am eigenen Körper, hielt er in einem Buch fest, das mit seinem ersten Titel *Versuche über die gereizte Muskel- und Nervenfaser* auf seine konkreten Erfahrungen durch Experimente verweist, und im Untertitel *Vermuthungen über den chemischen Process des Lebens in der Thier- und Pflanzenwelt* auf seine Schlussfolgerungen und die Beziehung der Experimente zu eigenen und fremden Theorien sowie übergeordneten Fragen.[5] So etwa der Frage nach den Kräften, die einen Froschschenkel zum Zucken und im Allgemeinen Lebewesen zum Entstehen und Wachsen bringen. Ein Lehrer der Brüder Humboldt an der Universität Göttingen, Johann Friedrich Blumenbach, vermutete eine „Lebenskraft", deren Nachweis mit experimentellen und theoretischen Methoden auch Alexander von Humboldt zu seinen galvanischen Experimenten motivierte.[6] Belegen konnte er die Existenz dieser Kraft letztlich nicht, und in der Konsequenz wandte er sich von diesem Konzept ab (das später auch widerlegt wurde). Das Zusammenspiel der

Kräfte, die er in der lebendigen und der unbelebten Natur am Werk sah, blieb allerdings lebenslang Gegenstand seiner eigenen Forschungen und seines Erzählens über die Wissenschaft, im Kleinen wie im Großen. Sein letztes großes Werk, an dem er bis zu seinem Tod arbeitete, galt nicht mehr den Muskel- und Nervenfasern, sondern trug den Titel *Kosmos*.[7] Dieser Sprung vom Mikroskopischen in die größten Zusammenhänge war keine fixe Idee eines gealterten Forschers, sondern entsprach dem Leitgedanken, den Alexander von Humboldt seit seiner Jugend verfolgte, denn schon zum Zeitpunkt der Froschexperimente hatte er an einen befreundeten Gelehrten geschrieben: „Ich habe die Idee einer physischen Beschreibung der Erde entworfen."[8]

Christian Kassung, Christian Thomas

DIE *KOSMOS*-INSZENIERUNG

Personen – Räume – Wissen

Im Winter 1827/28 eröffnet der weltberühmte Naturforscher und Forschungsreisende Alexander von Humboldt nacheinander zwei Vortragsreihen über „Physikalische Geographie", was im Verständnis der Zeit sowohl die Astronomie als auch die Beschreibung der belebten und unbelebten Natur des Erdkörpers umfasst. Zu dem mit 62 Einzelstunden umfangreicheren Kurs in der Berliner Universität sind, ebenso eine Selbstverständlichkeit der Zeit, nur männliche Personen zugelassen. Zu den 16 parallel laufenden Vorträgen in der benachbarten Sing-Akademie jedoch lädt Humboldt sowohl die Herren als auch die Damen der wissenshungrigen und ‚Event'-begeisterten Stadt ein. Humboldt spricht über das Weltall, die physische Natur, die Verteilung des Lebens auf der Erde, ebenso wie er die historische Entwicklung des Wissens über die Welt darstellt und über Handel, Verkehr, Kultur und Kunst des Menschen reflektiert. Humboldts heute so genannten *Kosmos*-Vorträge präsentieren das wissenschaftliche Wissen seiner Zeit einem größtmöglichen Publikum ebenso anspruchsvoll wie anschaulich.

Dieses Doppelereignis öffentlicher Vorträge lässt sich am besten als Inszenierung verstehen. Denn wodurch die *Kosmos*-Vorträge, die Alexander von Humboldt unmittelbar nach seiner Rückkehr aus Paris hielt, zu einem Ereignis wurden, kann nicht allein aus den Vorlesungen selbst erklärt werden. Vielmehr ging es, neben der Berühmtheit des nach langen Jahren der Abwesenheit eben erst zurückgekehrten Lokalmatadoren, auch – und womöglich zentral – um den Körper des Vortragenden sowie der Zuschauer*innen.[1] Zudem spielten, neben den in den Vorlesungen durchschrittenen *Wissens*-Räumen, auch die *physischen* Räume, in denen sie gehalten wurden, eine entscheidende, bislang vernachlässigte Rolle. Es gehörte unmittelbar zum Charakter der Inszenierung, dass Humboldt die *Kosmos*-Vorträge – wohl von Beginn an – gezielt als ‚Parallelaktion' mit jeweils anderer Öffentlichkeit plante.

PERSONEN

Ein erster Hinweis auf die komplexe Körperlichkeit der *Kosmos*-Inszenierung findet sich in den erhaltenen Nachschriften aus dem Kreis der Hörer*innen. Da Humboldt selbst die Vorlesungen als solche nicht veröffentlicht hat, sind dies die einzigen vollständigen Zeugnisse jener Auftritte. Zum Universitätszyklus konnten bereits neun eigenständige Nachschriften ermittelt werden, während von jenem in der Sing-Akademie bislang nur eine echte Nachschrift bekannt ist. Die Identifizierung von Henriette Kohlrausch als deren Verfasserin motivierte, neben der Online-Edition, 2019 eine eigene Printausgabe.[2]

Nachschriften sind einerseits höchst individuelle Ausformungen der von den Schreiber*innen aufgefassten Vorträge, andererseits entstanden sie oftmals im Austausch sowie gelegentlich auch in direkter Zusammenarbeit mehrerer Personen. In jedem Fall korrigieren, kommentieren oder widersprechen sich die Textzeugen im komplexen Verbund. In mehreren, gleichberechtigten Versionen[3] geben sie somit dem von Humboldt in den *Kosmos*-Vorträgen erstmals zusammenhängend inszenierten „Naturgemälde" seinen noch heute vernehmbaren Widerhall.

In diesem Sinne also trat 1827/28 ein vielstimmiger Chor in Aktion, wobei Humboldt zwar zweifelsohne den Solopart übernahm, *alle* anwesenden Personen jedoch einen *gemeinsamen* Klangkörper bildeten: Zu einem Ereignis werden die Veranstaltungen als miteinander verwobenes Handeln von Sprecher und Publikum. Die Vorträge des großen ‚Netzwerkers'[4] Alexander von Humboldt entstehen, ebenso wie deren Nachschriften, in einem dialogischen Prozess – ohne dass dabei die Syntheseleistung jedes und jeder Einzelnen übersehen werden darf. Hierin zeigen sich die *Kosmos*-Vorlesungen Humboldts als eine Inszenierung mit verteilter Körperschaft: Als essenzieller Bestandteil des Ereignisses bezeugen die Nachschriften eine kollaborative Autorschaft, die von einer ausschließlichen Fixierung auf Alexander von Humboldt wegführt.

RÄUME

Neben den menschlichen Akteuren spielte auch der Raum selbst eine zentrale Rolle im Ereignis *Kosmos*-Vorlesungen. Universität und Sing-Akademie wurden gleichermaßen zu Wissensräumen, in denen sich das bürgerliche Interesse an wissenschaftlicher Bildung überhaupt erst entfalten und vernetzen konnte.[5] Andererseits bedurfte es einer versierten Rede- und Vortragspraxis, die Humboldt in Frankreich über mehrere Jahrzehnte hinweg verkörperlicht hatte und die es ihm erlaubte, von der ersten Stunde an die notwendige Resonanz zu erzeugen. Der Raum gab Gestaltung und Struktur der Kommunikation vor – und hatte so wesentlichen Anteil an deren mehr oder weniger gutem Gelingen.

Dadurch erhält die Frage, was wir überhaupt mit ausreichender Sicherheit über die Räume der *Kosmos*-Vorlesungen wissen, besonderes Gewicht. Der Hörsaal in der Universität war mit etwa 400 Personen überfüllt; in der Sing-Akademie sollen sich gar 800 bis 1000 Menschen gedrängt haben. Über die demnach in beiden Räumlichkeiten zwangsläufig enge Bestuhlung, die Anzahl der Stehplätze, die Verfügbarkeit von Pulten oder anderen Schreibunterlagen, die Beleuchtung, die genaue Position des Vortragenden und ob dieser erhöht und gut sichtbar auf einem Podest stand: Zu diesen hier beispielhaft angeführten, für die Verständlichkeit der Vorträge sowie das Anfertigen von Mitschriften so wichtigen Details haben wir nur wenige gesicherte Informationen. Insgesamt, so viel lässt sich immerhin sagen, waren die Bedingungen für das Verfassen von Mitschriften in beiden Sälen eher ungünstig, was umso stärker die Leistungen Henriette Kohlrauschs und der übrigen Nachschreiber hervorhebt.

WISSEN

Die dritte Ebene der Verkörperlichung betrifft das Wissen selbst. In seiner *Kosmos*-Inszenierung ging es Alexander von Humboldt nicht nur um die Vermittlung bestimmter Inhalte. Vielmehr unterwarf er sein eigenes Wissen beziehungsweise dessen konzeptuelle Verknüpfung mit den Vorträgen erstmals einer öffentlichen Probe aufs Exempel.

Humboldts Begriff hierfür ist der des Naturgemäldes, also die – in überaus produktiver Weise widersprüchliche – Idee der Verdichtung einer Naturgeschichte in einer augenblickshaften Gestalt, die bereits zum berühmten Laokoon-Streit zwischen dem Kritiker und Dramatiker Gotthold Ephraim Lessing und dem Kunsthistoriker und Archäologen Johann Joachim Winckelmann geführt hatte.[6] Die Eigenständigkeit der beiden Vorlesungszyklen entspricht zwei Proben, zwei alternativen Ansätzen, die „*Einheit* der Natur in ihren Erscheinungen“[7] ebenso empirisch nüchtern wie naturphilosophisch fundiert zu vermitteln. Die schlussendliche Ausformung dieser sogenannten *Kosmos*-Idee, die Humboldt bereits ab den 1790er-Jahren entwickelte und die ihn ein Leben lang antrieb, konnte erst in der Inszenierung und durch diese entstehen. Inszenierung heißt dabei nicht nur Wissensvermittlung, sondern eben auch bestmögliche Resonanz im Berliner Wissensraum.

Liest man die *Kosmos*-Vorträge heute, so fällt zunächst deren entspannt-sachlicher Stil auf. Da steht kein starker Autor auf dem narrativen Oberdeck, der stolz und zuallererst auf seine eigenen Entdeckungen und Errungenschaften verweist. Vielmehr werden wir, genauso wie das Publikum vor knapp 200 Jahren, auf eine Forschungsreise mitgenommen, die zugleich eine historische, geografische und epistemische ist. Deutlich wird Humboldts Interesse an großen, offenen Fragen, an nachvollziehbaren Irrwegen früherer und zeitgenössischer Hypothesenbildung und an Pfaden der naturwissenschaftlichen Forschung. Wir werden eingeladen, ebenso über die Elektrizität und den Magnetismus wie über die Tier- und Pflanzenwelt sowie die Natur und Kultur des Menschen nachzudenken, die Skalen vom Astronomischen bis ins Mikroskopische zu durchmessen, Alte und Neue Welt, Empirie und Naturphilosophie miteinander zu verbinden und dabei stets den seinerzeit aktuellen Forschungsstand mit zu berücksichtigen.

Dabei ist es im Grunde nebensächlich, dass heute selbstverständlich einiges, ja vieles in der Sache überholt oder zumindest anders, eventuell falsch erscheint. Es geht vielmehr um eine Art zu denken, um ein Gespür für das Wesentliche im Dickicht empirischer Fakten: Welche Fragen lohnen wirklich, gestellt und womöglich auch beantwortet zu werden? Die Frage nach der Frage macht die *Kosmos*-Vorlesungen gerade heute zu einer der wichtigsten Humboldt-Lektüren.

Uta Kornmeier

WISSEN AN DEN MANN UND AN DIE FRAU BRINGEN

„IN VIELEN KÖPFEN LEBENDIG WERDEN"

Sowohl Alexander als auch Wilhelm von Humboldt wollten das Wissen, das die Welt bereithielt, nicht nur für sich selbst sammeln, sondern es an den Mann und sogar an die Frau bringen. „Ideen können nur nützen, wenn sie in vielen Köpfen lebendig werden", schrieb Alexander von Humboldt 1799.[1] Wissenschaftliche Erkenntnisse sollten möglichst vielen Menschen zugänglich, leicht verständlich und demokratisch verteilt sein sowie ohne Standesgenzen vermehrt werden können – durch Selbststudium oder Forschungen innerhalb des universitären Rahmens. Die *Kosmos*-Vorlesungen waren ein Paradeformat, das diese Forderungen in die Praxis umsetzte: Sie sollen ein überaus breites und diverses Publikum angezogen haben – vom König bis zum Arbeiter.[2] In der Singakademie standen die Vorlesungen auch den am häufigsten ausgeschlossenen Gesellschaftsgruppen offen: Frauen und Juden. Hier zeigte sich Alexander als Wissenschaftskommunikator, der durch sein eigenes Erleben, seine Begeisterung und sein Erzähltalent lebendig vermittelte, wie Natur und

Kultur miteinander verzahnt sind und alle Phänomene in Wechselwirkung stehen.

„BILDUNGSTRIEB“

In ihrer Idee von Wissensvermittlung waren die Brüder Humboldt geprägt durch die Pädagogik der Aufklärung.[3] Deren Grundlage war die Idee, dass die Menschen nur mithilfe von Bildung frei werden können: Zum bloßen Überleben brauchten die Menschen die Bildung nicht, ohne sie blieben sie jedoch dem Überleben verhaftet. Durch Bildung erst lernten die Menschen, sich ihres Verstandes zu bedienen, aus ihrer „selbstverschuldeten Unmündigkeit“ herauszutreten und ein Leben auf einer höheren Daseinsstufe zu führen.[4] Dabei wurde dem menschlichen Geist eine fast grenzenlose Erkenntnisfähigkeit zugetraut. Unter Betätigung ihres Geistes und in Auseinandersetzung mit der Welt könnten die Menschen so gut wie alles lernen.

Doch warum sollten sie sich für das mühsame Geschäft der Bildung entscheiden? Die Antwort lag in einem biologischen – zur damaligen Zeit hätte man eher gesagt physiologischen – Konzept, das schon seit der Antike diskutiert wurde: dem sogenannten Bildungstrieb. Johann Friedrich Blumenbach, bei dem Alexander und Wilhelm in Göttingen 1789/90 Vorlesungen in Anatomie, Physiologie und Zoologie hörten und mit dem Alexander später in intensivem brieflichem Austausch stand, hatte in den 1780er-Jahren seine einflussreiche Vorstellung vom Bildungstrieb formuliert: Demnach war der „nisus formativus“ ein „allen belebten Geschöpfen vom Menschen bis zur Made und von der Ceder zum Schimmel herab ein besondrer eingebohrner, lebenslang thätiger würksamer Trieb“, der dafür sorgte, dass die Lebewesen „ihre bestimmte Gestalt“ entwickelten, der diese dann unterhielt und, „wenn sie ja zerstört worden, wo möglich“ wiederherstellte.[5] Damit positionierte sich Blumenbach gegen die ebenfalls seit der Antike diskutierte Vorstellung, die Lebewesen seien in ihrer gesamten Entwicklung seit dem Moment der Empfängnis vorgeformt und würden nur noch ein bereits festgelegtes Programm durchlaufen.

Die Brüder Humboldt übertrugen diese Idee des biologischen Bildungstriebes in die Welt der Kultur: Nicht nur die körperliche Bildung folge einem allen Menschen angeborenen Trieb, sondern auch die geistige. Im Umkehrschluss bedeutete dies, dass auch das Streben nach geistiger Entwicklung allen Menschen, unabhängig von Stand, Beruf, Herkunft oder Religion, angeboren wäre. Es müsse nur Raum bekommen, um sich zu entfalten. In Wilhelm

D. Johann Friederich Blumenbach
der Med. Prof. ord. zu Göttingen
über
den Bildungstrieb
und das
Zeugungsgeſchäfte.

Göttingen,
bey Johann Chriſtian Dieterich, 1781.

Johann Friedrich Blumenbach,
Über den Bildungstrieb, 1781, Titelseite

von Humboldts Fragment über die Theorie der Bildung des Menschen klingt dies so:

> „Im Mittelpunkt aller besonderen Arten der Tätigkeit nämlich steht der Mensch, der ohne alle, auf irgendetwas Einzelnes gerichtete Absicht, nur die Kräfte seiner Natur stärken und erhöhen, seinem Wesen Wert und Dauer verschaffen will.“[6]

„WELT MIT SICH VERBINDEN“

Für Wilhelm ist das Entscheidende an der Bildung nicht das Aufnehmen von bereits bekanntem Wissen, sondern ein Ausbilden der Denkfähigkeit. Wie der Bildungstrieb den Körper und seine Organe formt, so formt er auch den Verstand und die Urteilsfähigkeit. Der Welt – also allem, was außerhalb des Individuums steht – kommt dabei eine doppelte Rolle zu, als Anstoß des Denkens wie auch als dessen Objekt:

> „Bloß weil beides, sein [des Menschen] Denken und sein Handeln nicht anders, als nur vermöge eines Dritten, nur vermöge des Vorstellens und des Bearbeitens von etwas möglich ist, dessen eigentlich unterscheidendes Merkmal es ist, Nicht-Mensch, d.i. Welt zu sein, sucht er so viel Welt, als möglich zu ergreifen, und so eng, als er nur kann, mit sich zu verbinden.“[7]

Der menschliche Geist, so wusste Wilhelm, operiert auf mehreren Kanälen und hat die Fähigkeit, „denselben Gegenstand in verschiedenen Gestalten, bald als Begriff des Verstandes, bald als Bild der Einbildungskraft, bald als Anschauung der Sinne vor seine Betrachtung zu führen".[8] Die Aus-Bildung der Menschen konnte also durch philosophische Betätigung angeregt werden, durch ästhetisches Empfinden sowie durch die Beobachtung und den tätigen Umgang mit den realen Dingen. Tatsächlich beteiligte sich Wilhelm nicht nur an der Planung von Schulen und Universitäten, sondern wirkte wie sein Bruder auch an der Gründung der königlichen Museen in Berlin mit. Kunst und Wissenschaft, Verstand und Gefühl galten ihm nicht als getrennte oder gar gegensätzliche Zugänge zu Wissen, sondern als einander erhellend und ergänzend. Neugier und emotionale Sensibilität waren für die Bildung ebenso wichtig wie Logik und Abenteuerlust.

Und so gab es in der Welt nichts, was den Geist nicht reizen könnte: Von der Kunst der Antike bis zum Zitteraal, von der geschlechtlichen Zuneigung bis zur preußischen Außenpolitik und darüber hinaus reichten die Gegenstände, über die sich die Brüder Humboldt mit der Welt auseinandersetzten. Dabei schwingt durch die Formulierung „so viel Welt, als möglich zu ergreifen, und so eng [wie möglich] mit sich zu verbinden" unbestritten eine adelig-privilegierte, koloniale Haltung mit, welche die zeittypische, beinahe kannibalische Beziehung zur Welt verrät – ist die Außenwelt doch am engsten mit mir verbunden, wenn ich sie verschlinge und mir einverleibe.

„MANNIGFALTIGKEIT DER INDIVIDUEN"

Auf der Ebene der Individuen legten beide Brüder Humboldt dennoch eine weitreichende Akzeptanz der menschlichen Diversität an den Tag. Vor allem Wilhelms Schriften zur Bildung, Sprache und Politik vermitteln bis heute eine regelrechte „Begeisterung für individuelle Vielfalt" und einen unanfechtbaren „Respekt für das Recht jedes Individuums, das in ihm liegende Potenzial ‚auszubilden'".[9] In seinen Plänen für das Schulwesen warnte er davor, alle Lernenden über einen Kamm zu scheren und damit eine Uniformierung des Geistes zu betreiben, denn auch bei der Welt-Aneignung gebe es individuelle Unterschiede. Man müsse, schrieb Wilhelm, immer „zugleich auf die Verschiedenheit der Köpfe, auf die Mannigfaltigkeit der Weise Rücksicht [nehmen], wie sich die Welt in verschiedenen Individuen spiegelt".[10]

Als ein Symbol für die „Verschiedenheit der Köpfe" sah Wilhelm von Humboldt zum Beispiel die Sprache, die in

Johann Gottfried Schadow, Wilhelm von Humboldt, Vorder- und Profilansicht, 1802

seiner Vorstellung von Bildung eine grundlegende Rolle spielte als „das bildende Organ des Gedankens".[11] Dabei war ihm jede einzelne Sprache wertvoll – vom altjavanesischen Kawi über das Baskische zur Sprache der Cherokee: Jede repräsentierte für Humboldt eine individuelle Denkweise und Weltsicht. Zugleich erkannte er die Verschiedenheit auch als verbindendes Element.

Die „Verschiedenheit der Köpfe" studierte Wilhelm wie viele Gelehrte seiner Zeit auch in den physischen Ausprägungen des menschlichen Gesichts. Er suchte hier Gemeinsamkeiten und Unterschiede, die ihm Rückschlüsse auf den Charakter der „Nationen" – im Sinne von Herkunftsgebieten – erlaubte. Die vermeintlich national unterschiedlichen Züge kannte er überwiegend von Abbildungen, zum Beispiel jene, die Johann Gottfried Schadow für einen Atlas von „National-Physiognomien" anfertigte,[12] in dessen Zusammenhang er auch die Physiognomie Wilhelm von Humboldts in einer Zeichnung festhielt.

Das Beharren auf der sprachlichen und physischen Mannigfaltigkeit des Menschen, ein potenziell rassistisches Projekt, hat aber sowohl bei Alexander als auch bei Wilhelm bereits Ähnlichkeit mit einem modernen Verständnis von Diversität, einer „unity in difference":

> „Indem wir die Einheit des Menschengeschlechtes behaupten, widerstreben wir auch jeder unerfreulichen Annahme von höheren und niederen Menschenracen. Es giebt bildsamere, höhere gebildete, durch geistige Cultur veredelte, aber keine edleren Volksstämme. Alle sind gleichmäßig zur Freiheit bestimmt."[13]

S. 54–55
Ausschnitt aus dem Kunstwerk *Codex Humboldt Fragment 1 / Codex Azoyú Reverso* von Mariana Castillo Deball, seit 2020 (links) und Videoinstallation von José Luis Bongore in der zweitägigen Ausstellung *Die Natur der Dinge: Humboldt, Kommen und Gehen*, 2019 (rechts)

S. 56–57
Videokunst von Nelson Vergara als Reise auf den Chimborazo im Rahmen des „Humboldt Experiments“ 2022 (links) und eine „Formalinreise“ ins mythische und koloniale Amerika als Performance von Naomi Rincón Gallardo zu Alexander von Humboldts 250. Geburtstag 2019 (rechts)

David Blankenstein

BERLIN, 11 000 KM WEIT WEG

Friedrich Georg Weitsch, Alexander von Humboldt und Aimé Bonpland in der Ebene von Tapia am Fuß des Chimborazo, um 1810

Die Reise Alexander von Humboldts in Amerika ließe sich auf viele Weisen wiedergeben, sie ist von ihm selbst wie auch von allen seinen Biografen immer wieder neu erzählt worden, immer anders und sicher immer unvollkommen. Sie wurde als eine geografische Exploration geschildert, die ihn zwischen 1799 und 1804 über den Atlantischen Ozean an die südamerikanische Küste und durch tropische Wälder und Flusssysteme, über die Höhenzüge der Anden bis zum Pazifik führte. Weiter zu den Bergen und Vulkanen des heutigen Mexiko, in dessen Wüsten und Steppen, auf die karibische Insel Kuba, an die Ostküste der Vereinigten Staaten von Amerika und von dort zurück nach Europa. Es war ein Abenteuer, das neben den Freuden neuer Entdeckungen und nie zuvor Gesehenem auch gescheiterte Pläne, Strapazen, Leid und Lebensgefahr mit sich brachte, ihm abverlangte, sich zum Schutz vor Moskitos zum Schlafen in den Boden einzugraben und ohne alpine Funktionskleidung über Berggrate und Gletscher an den Rand von Vulkankratern in Höhen jenseits der höchsten Gipfel Europas zu klettern. Zugleich ist es eine Geschichte wissenschaftlicher Beobachtungen und Messungen, die er mit seinem Reisebegleiter, dem französischen Arzt und Botaniker Aimé Bonpland, und mithilfe einer ganzen Batterie modernster Messinstrumente vornahm. Es ging ihm dabei um die Vermessung des

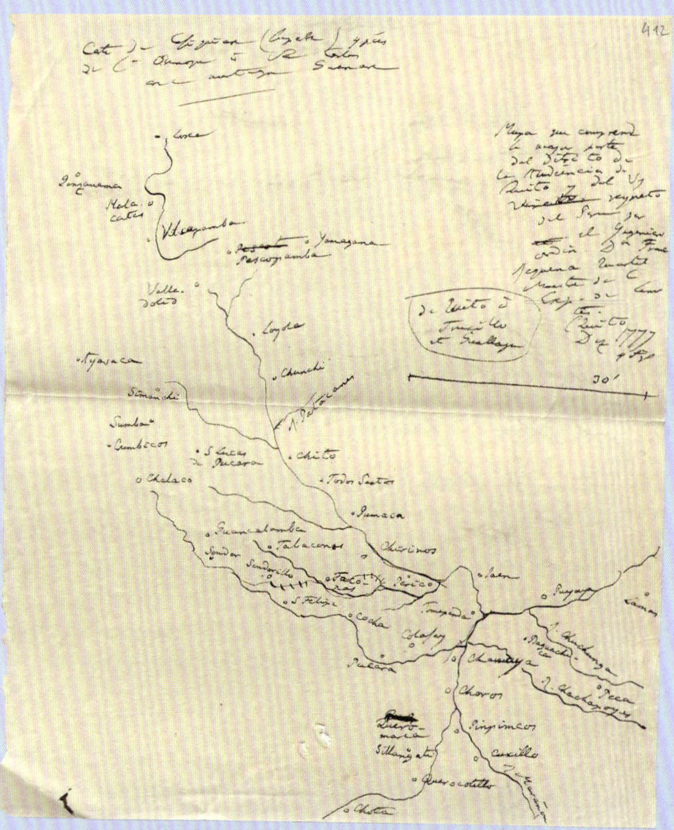

Alexander von Humboldt, Die Flussläufe des Casiquiare,
Skizze aus dem Jahr 1800

Himmels und der Erde zur Anfertigung exakter Karten, das Gewinnen von Daten zu Klima, Wetter und der Beschaffenheit von Luft, Boden und Wasser. Er trug Abertausende Pflanzen und Steine zusammen auf der Suche nach unbekannten Spezies und zur Vervollständigung des geologischen Puzzles der Erde. Und es war eine Reise durch ein gigantisches Kolonialreich, das mit den Expeditionen des Christoph Kolumbus und der Konquistadoren unter spanischer Order seinen Anfang genommen hatte. Alexander von Humboldt wurde mit drei Jahrhunderten des Untergangs eines Großteils der Indigenen Bevölkerung Amerikas und des Zerfalls der Großreiche der Inka, Maya und Azteken konfrontiert. Er spürte deren materiellen (und immateriellen) Überresten nach, besuchte die kleinen Städte und großen Metropolen des spanischen Amerika, setzte sich mit dem kolonialen Verwaltungssystem und der kolonialen Wirtschaft auseinander, die auf dem Rücken versklavter und ausgebeuteter Menschen errichtet worden war. Und er war ein genauer Beobachter der politischen Abspaltung von den Mächten Europas, die er in Südamerika wohl nur erahnen konnte, anders als in den USA, mit deren drittem Präsidenten Thomas Jefferson er in Washington zusammentraf. Alexander von Humboldts Reise wird im Spiegel seiner Begegnungen mit und Beobachtungen von Menschen in Amerika erlebbar: Durch die zeitliche und räumliche Unmittelbarkeit der Tagebücher, die er während seiner gesamten Reise führte und die heute neben vielen Briefen aus seiner Hand unweit des Humboldt Forums, in der Staatsbibliothek zu Berlin, aufbewahrt werden.[1] Einer dieser Briefe richtet sich an einen Freund und Kollegen in der Heimat:

> „Ich unternehme ein großes Werk. Meine Gesundheit ist etwas fester als sonst, und ich hoffe, das Abendtheuer gut zu bestehen. Sie wissen, daß ich viel arbeite, darum zürnen Sie und meine anderen Freunde nicht, wenn ich so selten schreibe. Ein Menschenleben geht so rasch dahin, und man will doch gern etwas leisten, was noch nach einem fortdauert. Leben Sie herzlich wohl.“[2]

Der 29-Jährige Alexander von Humboldt schrieb diesen Brief am 3. Mai 1799 in Spanien, vier Tage später stellte der spanische König Karl IV. ihm und Bonpland einen Pass aus, der ihnen den Zugang zu sämtlichen Kolonialgebieten der spanischen Krone gewährte. Eine Woche darauf verließen sie Europa an Bord einer Fregatte mit dem Ziel Südamerika.

Alexanders vorauseilende Entschuldigung für seltene Nachrichten soll hier ein wenig ins Verhältnis gesetzt werden: Die Sendungen, mit denen er seine Familie, Freunde und Fachkollegen in Europa bedachte, füllen heute viele Bände, und er erreichte damit ein großes Publikum: So gut wie jede Neuigkeit über Humboldts Reise in Amerika und fast jeder Brief von ihm wurden damals mit der Öffentlichkeit geteilt – in Fachzeitschriften für Chemie, Botanik, Physik und in Zeitungen oder Journalen im deutschsprachigen Raum, aber auch in Frankreich, England und vielen anderen Ländern. Berliner Leser*innen konnten in einer ihrer Zeitungen daher in einem Brief Alexanders an seinen Bruder die Überwältigung der Forschungsreisenden nach ihrer Ankunft in Amerika gewissermaßen miterleben:

„Wie die Narren laufen wir bis izt umher … Bonpland versichert, daß er von Sinnen kommen werde, wenn die Wunder nicht bald aufhören. Aber schöner noch als diese Wunder im Einzelnen, ist der Eindruck den das Ganze dieser kraftvollen, üppigen, und doch dabei so leichten, erheiternden Pflanzennatur macht. Ich fühle es daß ich hier sehr glücklich sein werde.“[3]

Ein Forschungsprojekt an der Universität Bern hat 2019 sämtliche in Zeitschriften und Zeitungen erschienenen Texte Alexander von Humboldts herausgegeben, aus denen hervorgeht, dass der reisende Forscher es in seiner Abwesenheit von Europa auf annähernd 40 Veröffentlichungen in dortigen Zeitschriften brachte, teilweise durch Übersetzungen noch vervielfacht. In der Heimat feierte man den „Landsmann Alexander von Humboldt“, der „den Deutschen und den Preußischen Namen itzt an Orte“ trüge, „welche nie ein Europäischer Fuß betrat“, und die Gelehrtenwelt in Paris und andernorts beschäftigte sich mit den wissenschaftlichen Beobachtungen und Messdaten, die er den verschiedenen Disziplinen passgenau lieferte.[4] Über die Entfernung und durch viele Münder wurden auch Gerüchte verbreitet. So hieß es beispielsweise am 11. Juni 1804, Humboldt sei in Acapulco an Gelbfieber gestorben. Und in seinem letzten veröffentlichten Brief von der Reise – da war er schon quicklebendig im Hafen von Bordeaux angelandet – musste er schnell eine weitere Falschmeldung richtigstellen: „Ich bin nicht auf den Gipfel des Chimborazo gelangt.“[5]

Es gibt tatsächlich viele Orte, die Alexander von Humboldt nicht erreicht hat, nicht nur den Gipfel des Vulkans in den Anden, der Europäern damals als höchster Berg der Welt galt. Viele Widrigkeiten formten die Reiseroute, neben unpassierbaren Gebirgsspalten war er mit reißenden Bächen und undurchdringlichen tropischen Wäldern konfrontiert, gelangte in von Epidemien geplagte Gebiete oder an portugiesische Soldaten, die ihm am Übergang zu brasilianischem Territorium zeigten, wo die Humboldt vom spanischen König verliehene Macht ihre Grenzen hatte. Die Tatsache einer jeden Reise, nämlich dass sie entlang einer Linie verläuft, wie verschlungen diese auch sein mag, und der Horizont die Reisenden von der Erfahrung des Dahinterliegenden trennt, traf auch für den deutschen Forscher zu. Dennoch, und das unterscheidet ihn von vielen anderen Expeditionsreisenden, ist es ihm gelungen, das Bild eines ganzen Kontinents, der von Europäern, obwohl schon seit Jahrhunderten bekannt,

Alexander von Humboldts Reisetagebücher,
heute in der Staatsbibliothek zu Berlin

immer noch „Neue Welt" genannt wurde, auf eine wirklich neue Art und Weise zu zeichnen. Ein Grund dafür ist, dass Alexander von Humboldt verschiedene Mittel ersann, die Linearität des Reisens zu sprengen. Um dies nachzuvollziehen, genügt ein Blick in die Aufzeichnungen und Dokumente, die als die „Tagebücher der Amerikanischen Reise" bekannt sind, eine Reihe von Heften und Papieren, mehr als 4500 Seiten, die er erst kurz vor seinem Tod in Leder binden ließ, fast 60 Jahre nach dem Beginn seiner Reise. Es handelt sich eher um Notizhefte als um Tagebücher, in denen sich sachliche, bisweilen auch emotionale Schilderungen von Ereignissen und Beobachtungen abwechseln mit Versuchen, verstreute Eindrücke in die literarische Form einer Geschichte zu bringen. Zwischen diesen Passagen, die mal auf Deutsch und mal auf Französisch verfasst sind, finden sich seitenlange Beschreibungen von Pflanzen und Tieren, teils in lateinischer Sprache, lange Zahlenreihen und Tabellen mit astronomischen, geografischen und klimatologischen Erhebungen, Abschriften aus historischen Dokumenten und aus Abhandlungen amerikanischer Gelehrter, Zeichnungen, Skizzen, Inschriften in uralten und ihm unbekannten Schriften – und auch der eine oder andere Tintenfleck, Spur einer unruhigen Bootsfahrt oder improvisierten Schreibunterlage. Es sind eindrucksvolle Dokumente für eine Art zu reisen, zu arbeiten und nachzudenken, in der die Rollen des Erzählers, Forschers, Sammlers und Kommentators in einer Person vereint sind. Diese Tage-

Alexander von Humboldt, *Geographie der Pflanzen in den Tropenländern: Ein Naturgemälde der Anden*, 1807

bücher werden seit mehr als einem halben Jahrhundert erforscht und ediert, zu Beginn an der Akademie der Wissenschaften der DDR und heute in einem auf 18 Jahre angelegten Forschungs- und Editionsprojekt der Berlin-Brandenburgischen Akademie der Wissenschaften. Sie werden mit weiteren Nachlassteilen und Dokumenten Humboldts in aller Welt in Verbindung gebracht und für eine globale Leserschaft zugänglich gemacht.[6] Durch diese Rekonstruktion und das Sichtbarmachen der einzelnen Teile wird heute immer plastischer, nicht nur wie facettenreich, sondern auch wie ganzheitlich das Projekt seiner Reise war.

Zu fragen wäre, wie es Alexander von Humboldt selbst gelang, den Blick auf das Ganze zu gewinnen und den Überblick zu behalten zwischen mit großer Akribie studierten kleinsten Details – Wurmparasiten einer Klapperschlange etwa – bis hin zu größten Zusammenhängen wie der „peruanischen Strömung", deren großräumige (wenn auch noch nicht globale) klimatischen Auswirkungen er in Lima beobachtete, 11 000 Kilometer entfernt von Berlin, und die heute den Namen „Humboldtstrom" trägt. Ein Teil der Antwort ist, dass er selbst definieren konnte, worin der Überblick besteht. Schon Jahre vor der Amerikareise hatte Wilhelm von Humboldt die Gabe seines Bruders bemerkt, „Ideen zu verbinden, Ketten von Dingen zu erblicken, die Menschenalter hindurch, ohne ihn, unentdeckt geblieben wären".[7] Das bis heute bekannteste Produkt seines Blicks für „Ketten von Dingen" ist sein Naturgemälde der Anden, in dem sich Zahlen, Buchstaben und Tabellenspalten mit gravierten und aquarellierten Vulkanen, Palmen und Wolken zu einer Komposition fügen, in der eine Reise von fünf Jahren wie auf ein einziges Blatt verdichtet erscheint. Darin entwickelte Humboldt ein Modell dafür, die Welt in ihren Zusammenhängen zu denken, und zwar mithilfe von Instrumenten zur Erfassung der Phänomene der Natur und einer Beobachtungsweise, die nicht nur die Tiere und Pflanzen, sondern auch den in der Natur agierenden Menschen einschließt. In seiner Verbindung von Wissenschaft und künstlerischer Darstellung transportiert das Blatt eine weitere Botschaft: Die Verständigung über die Welt geschieht nicht allein über Daten, sondern dafür werden Formen der Kommunikation, Ansichten, Perspektiven und Erfindungen benötigt, die nur in der Kunst zu finden sind und die es den Betrachter*innen ermöglichen, etwas zu sehen, das von keinem einzelnen Ort der Welt erfassbar ist.

Fabiano Kueva

DAS SCHLOSS UND DER APU

Amerikas Höhen hast du mit deinem Esel bezwungen
O Capitán, größer als die Konquistadoren,
hast Vulkane erklommen bis zum Feuer
der tellurischen Wahrheit.
JORGE CARRERA ANDRADE[1]

Seit 2012 verfolge ich mit großem Interesse das Bauvorhaben und die Debatten rund um das Humboldt Forum, das auf dem Gelände des ehemaligen Berliner Schlosses – bzw., später, des Palasts der Republik – errichtet wurde. Im September 2019 nahm ich mit meinem künstlerischen Projekt Archivo Humboldt[2] an dem Programm *250 Jahre jung!*[3] teil, einer zeitlich begrenzten, aber denkwürdigen Veranstaltung, die in ihrer Diskurspluralität sogar radikale Züge hatte, zumindest im Vergleich mit derlei Jubiläums-Feierlichkeiten in Institutionen anderer europäischer Länder. Welchen Platz kann das Humboldt Forum als ein Element gesellschaftlicher und kultureller Diskurse des 21. Jahrhunderts einnehmen, in einer Gegenwart, die durch die Covid-19-Pandemie in Unordnung geraten ist, in der Proteste gegen die wachsende soziale und wirtschaftliche Ungleichheit in vielen Städten der Welt auch zu Denkmalstürzen führten, in der manche Grenzlinien zusammenbrachen und andere Grenzen geschlossen wurden?

Apu Antisana, Luftaufnahme von Süden, 2022

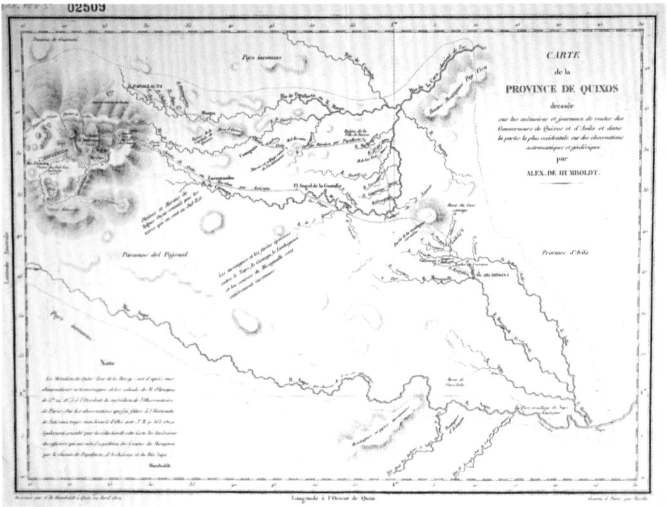

Karte der Provinz de Quixos, Zeichnung von Alexander von Humboldt, abgedruckt im *Atlas géographique et physique*, 1814

Vom Ufer des Pazifischen Ozeans, also von Ecuador aus betrachtet, ist das Forum sehr weit weg, obwohl Lateinamerika Teil seines Programms ist, der Sammlungen, die dort aufbewahrt und gezeigt werden, und auch der geschichtlichen Tradition, die es repräsentiert und in deren Rahmen es steht. Von Stellungnahmen einiger hiesiger Fachleute abgesehen, wird es hier bestenfalls als ein neues deutsches Wahrzeichen zur Kenntnis genommen.

Alexander von Humboldt allerdings wird in eben diesen äquatorialen Gegenden als das große Bindeglied betrachtet, das seit dem 19. Jahrhundert Lateinamerikas Nationalstaaten mit Deutschland verknüpft – stets unter der wissenschaftlichen und ästhetischen Prämisse des Universalismus. Narrative wie diese gehören hinterfragt, zugleich muss aber auch unser innerer Kolonialismus offengelegt werden, als dessen Folge Territorien und Körper als ausbeutungsfähige Ressourcen und sammelbare Objekte betrachtet wurden.

Als Erben einer kolonialen Moderne bewegen sich Museen (auch wenn das Humboldt Forum seinem Selbstverständnis nach keines sein will, sondern etwas Neues oder Anderes) stets innerhalb eines Paradoxons und agieren entsprechend. Die aufkommenden Forderungen nach Rückgabe unrechtmäßig erworbener Sammlungen oder Entschädigungszahlungen für koloniales Unrecht gewinnen immer mehr politisches Terrain. In vielen Fällen haben die Forderungen wesentlich weitreichendere Folgen und stecken die Bedeutung von Museen oder *post-museums* neu ab. Andererseits verstärken sich museale Impulse, die aus dem Konsum, aus privatwirtschaftlichen Kultur-Franchises und internationalen Kooperationen gespeist sind – so als müssten die Fragen um die aktuelle globale Krise in den Museen oder *post-museums* gelöst werden, was erneut die Gültigkeit des westlichen Kanons bestätigen würde, demnach alles museabel ist.

Ein elementarer Bestandteil einer kritischen Betrachtung dieses Erbes ist die Neubewertung der historischen Auffassung von Territorien und Menschen als Gegenstand der Ausbeutung. Eine Alternative dazu sind die Apus der andinen Kosmovision, „Geister, die in den Bergen wohnen. Sie werden als immanente Kraft verstanden, die über Dinge und Personen Führungsmacht haben und Kraft spenden können. Ein Apu ist auch ein Berggeist, mal ist er männlich, mal weiblich.“[4]

Im Februar 2019 stattete der deutsche Bundespräsident, Dr. Frank-Walter Steinmeier, als Auftakt zu der Gedenkfeier *250 Jahre jung! Zum Geburtstag von Alexander von Humboldt* Ecuador einen Besuch ab, zusammen mit einer Delegation, der auch seine Frau, verschiedene Parlamentarier und die angesehene deutsch-britische Historikerin und Autorin Andrea Wulf[5] angehörten. Diese Gruppe besichtigte unter anderem die Gegend rund um den Apu Antisana[6] und das Casa Humboldt[7] genannte alte Steinhaus der kolonialen Hacienda.

Als das Humboldt Forum nach dem Corona-Lockdown im August 2021 seine Pforten wieder öffnete, kündigte der deutsche Botschafter in Ecuador, Dr. Philipp Schauer, den Wiederaufbau der Casa Humboldt an sowie ihre Umwandlung in ein „Museum des Wassers, des Páramo und des Klimawandels, das die Humboldt'schen Ideen widerspiegelt“, wofür der deutsche Staat 54 500 US-Dollar zu investieren gedenkt.[8]

Casa Humboldt im Naturschutzgebiet
und Nationalpark Antisana, 2021

Taita Antisana von Amazonien aus gesehen, Fotografie aus der Serie *Archivo Alexander von Humboldt*, 2016

Für Alexander von Humboldt bedeutete die natürliche Umwelt eine individuelle Herausforderung und die Chance, Sammlungen anzulegen. In einem Brief an den Vorsteher des Naturalienkabinetts in Madrid, José Clavijo y Fajardo, vom 12. Juni 1802 gelangt er zu dem Schluss:

> „Die Vulkangesteine von Antisana, Cayamburu (Cayambe), Cotopaxi, Pichincha ... zieren bisher kein einziges Kabinett in Europa, und ich habe ihnen hier etwas anzubieten. Von einem bedeutenden Teil dieser Kolosse habe ich einen topografischen Plan erstellt, sie barometrisch und geografisch vermessen, habe das Felsgestein, aus dem sie bestehen, gewissenhaft untersucht. Auf

> dem Antisana könnten wir in Höhen aufsteigen, die kein Mensch bislang betreten hat … Bonpland, Don Carlos Montúfar (Sohn des Marquis von Selva Alegre) – ein junger Mann von großem Eifer und großer Intelligenz, den ich in meine Expedition aufgenommen habe – und ich sind bis auf 2773 Fuß (5404 Meter) hinaufgestiegen."[9]

Die politische Verfassung Ecuadors aus dem Jahr 2008 folgt einem anderen Ansatz. In Kapitel 7 sind die *Rechte der Natur*[10] oder *Pacha Mama*[11] (Mutter Erde) festgehalten, womit die im modernen kolonialen Rechtsdenken traditionell geteilten und einander entgegengesetzten Sphären – das Menschliche und das Nichtmenschliche – als Rechtssubjekt oder soziale Einheit gegenüber dem Staat anerkannt werden. Im geopolitischen Atlas des 21. Jahrhunderts hat diese Perspektive jedoch noch nicht ihre volle Wirkung entfaltet, da in den Industrieländern zur Durchführung der Energiewende eine aggressive Nachfrage seltener Erden, alternativer Kraftstoffe, Saatgut und Tropenhölzern besteht. Die Natur wird also noch immer eher als nicht-humane Einheit angesehen, als Objekt oder Ressource, die ausgebeutet werden kann, denn als unabhängige soziale Einheit und Subjekt mit eigenen Rechten.

Obgleich sich Humboldt mit seinen Mitreisenden, dem französischen Botaniker Aimé Bonpland und dem ecuadorianischen Adligen Carlos Montúfar, im März 1802 – unterstützt durch Indigene und mestizische Arbeiter, die sich in Abhängigkeit des Großgrundbesitzers Joaquín Sánchez befanden – nur wenige Tage dort aufgehalten hatten, wurde das Museum Casa Humboldt in den offiziellen Medien, sozialen Netzwerken und internationalen Kanälen als der Ort bezeichnet, an dem er „lebte und arbeitete".[12] Dies könnte man als unerwarteten Effekt deuten, als Wendung der Geografie, die die globale Ideologie des Humboldt Forums näher an die Anden heranrückt. Das bedeutet jedoch auch: Sobald ein Denkmal gestürzt wird, errichtet man das gleiche Denkmal an anderer Stelle neu. Kann das *post-museum* die Welt enthalten oder wird es die Welt in ein *post-museum* verwandeln? Die Zeit wird es zeigen.

EL COCODRILO DE HUMBOLDT NC
0 1 2 3 4 5 6 7 8 9 10 11 12

AMERICANO
ES EL COCODRILO DE HEGEL
14 15 16 17 18 19 20 21 22 23 24 25

S. 72–73
Auseinandersetzungen mit dem botanischen Wissen über Amerika in Fabiano Kuevas *Archivo Alexander von Humboldt* (oben) und mit dem europäischen Wissen über Krokodile und Amerika durch José Alejandro Restrepo in der Ausstellung *Die Natur der Dinge: Humboldt, Kommen und Gehen* (unten), beide 2019

David Blankenstein

NUR DER BARON, … ICH UND DER JUNGE

75

ZUSAMMENHÄNGE

„… ich“ – wer spricht hier im Titel? Klar ist: Der Baron ist Alexander von Humboldt. Der Junge ist ein Indigener Andenbewohner, dessen Name nie überliefert wurde und der als Träger und Bediensteter für die Expedition ins Vulkanreich der Anden angeheuert worden war. Das „Ich“ ist Carlos Montúfar, ein kreolischer, also in Amerika geborener, spanischstämmiger 21-jähriger Adliger aus Quito im heutigen Ecuador, der sich dort dem Treck Humboldts angeschlossen hatte. In einem fragmentarischen Tagebuch dokumentierte er einige Etappen der gemeinsamen Reise. Zum Aufstieg auf den Chimborazo notierte er: „Nur der Baron, Bonpland, ich und der Junge, der das Barometer trug, gingen weiter.“[1]

Der Ich-Erzähler, der nicht Alexander von Humboldt selbst ist, bleibt die große Ausnahme in dessen gigantischem Reise- und Forschungsprojekt. Die Geschichte von fünf Jahren Erforschung des Kontinents ist weitgehend von einer Person geschrieben worden, Humboldt selbst, auch wenn an der Auswertung der Forschungsdaten ein Netzwerk von Wissenschaftlern in Frankreich und Preußen beteiligt war. Der Erzähler einer Geschichte kontrolliert, was erzählt wird und was nicht, auch die Namen, die festzuhalten für wert befunden werden. „Mit Vergnügen schreibe ich in dieser Erzählung den Namen Carlos del Pino nieder: so hieß der Mann, der uns sechzehn Monate lang auf unseren Wegen längs der Küsten und im Binnenlande begleitet hat.“[2] Humboldt beschrieb del Pino, einen Indigenen der Waikerí aus dem Gebiet des heutigen Venezuela, in seinem Reisetagebuch mehrmals als einen Freund. Doch die meisten der Helfer sind in Humboldts Überlieferung ebenso namenlos wie die von ihm beschriebenen Indigenen, denen er in Südamerika oder Neuspanien begegnete, oder die Schwarzen Menschen, auf die er während seiner Reise traf.

Als Humboldt später in Paris einen befreundeten Maler das Frontispiz zu seinem *Atlas über den Neuen Kontinent*[3] entwerfen ließ, setzte sich die Anonymität in gewisser Hinsicht fort. Auf dem Kupferstich sind in einer amerikanischen Landschaft vor dem Hintergrund des Chimborazo ein Gott und eine Göttin aus der europäischen Antike zu sehen: Merkur und Minerva. Sie reichen einer gebeugten dritten Figur die Hand, die keinen Namen hat. Diese personifiziert jenen Erdteil, den 300 Jahre zuvor ein deutscher Kartograf nach einem florentinischen Seefahrer benannt hatte: Amerika. Die beiden Besucher*innen, der Gott des Handels und die Hüterin des Wissens, versprechen in Humboldts Darstellung Fortschritt und Wohlstand für einen Kontinent, dessen

Frontispiz zu Alexander von Humboldts
Atlas über den Neuen Kontinent, 1814

Natur hier großenteils Wildnis ist, dessen Kultur in Ruinen und buchstäblich am Boden liegt. Die Relikte alter Zivilisationen, die auf dem Bild zu erkennenden Pflanzen, die mit den Wolken angedeuteten klimatischen Verhältnisse und die Schneelinie des großen Berges verweisen auf das Forschungsprogramm der Expedition Alexander von Humboldts. Es gewann aus der Beobachtung und Beschreibung von Natur und Kultur (und deren Geschichte) für Europäer zugängliches Wissen, integrierbar in die Ordnung der Wissenschaften, verhandelbar in den öffentlichen Diskursen und nutzbar für wirtschaftliche Interessen. Die dargestellte Szene verhehlt nicht, welche als Leitkultur gilt, die mit ihrem angenommenen zivilisatorischen und moralischen Vorsprung und ihren technischen Möglichkeiten vermeintlich zur Wohltäterin Amerikas wird. Programmatisch flankiert dieses Bild insofern die gesamte Produktion von Wissen über den „Neuen Kontinent" durch Alexander von Humboldt und die an der Auswertung der Forschungsdaten beteiligten Forscher als eine europäische Erzählung. Das Selbstverständnis dieses Narrativs ist nicht nur, das gesammelte Wissen der Welt – auch das nicht-europäischer Forscher, sowie das Indigene Wissen (dessen Quellen in der Regel ungenannt bleiben) –, in den Rahmen der von Europa geprägten Wissenschaften einzufügen. Daraus erwächst zugleich der Anspruch, die von Europäer*innen definierten Kategorien von Humanität, Fortschritt, wirtschaftlicher und gesellschaftlicher Organisation – gerne Zivilisation genannt – als Maßstab für die Welt zu sehen. Es war die Erzählung, die meist mit der europäischen Antike begann und die Alexander auf die Formel brachte: „Humanitas – Litterae – Fruges", frei übersetzbar als „Menschlichkeit – Wissen – Wohlstand".

Die Grundlagen für diese Erzählung wurden durch die Neuorganisation des Wissens geschaffen, die in Europa etwa im 15. Jahrhundert begann und sich parallel zur Expansion des Horizonts durch Schiffsreisen vollzog, womit wiederum die Möglichkeit entstand, Güter und Menschen über große Entfernungen zu transportieren und Gebiete fernab der Heimat zu kontrollieren. Es waren nicht nur Wissenschaftler wie Humboldt, die Karten ferner Küsten und Landstriche anfertigten oder Dinge von weither in die Städte Europas brachten, aber spätestens dort wurden sie Gegenstand wissenschaftlicher Erforschung, Einordnung und Auswertung. Die Institute, Akademien, Universitäten und Museen, Forscher in den Diensten von Ministerien und privaten Gelehrtengesellschaften schufen ihrerseits neue Grundlagen und formulierten konkrete Handlungsanweisungen, wie neuentdeckte natürliche „Ressourcen" auch in den aus europäischer Sicht entlegensten Regionen der Welt erschlossen und nutzbar zu machen seien. Dabei ging es um Fragen etwa wie Industrien für Zucker oder Erze aufgebaut oder effektiver betrieben werden konnten und Handelsrouten zu perfektionieren waren. Wissenschaftliche Expeditionen in staatlichem Auftrag ebenso wie private Reiseprojekte von Gelehrten vermehrten das Wissen über die Welt und damit die Möglichkeit, dieses Wissen in Profite zu übersetzen, ob mittels großflächiger Umgestaltung von Territorien durch den industriellen Anbau asiatischer Pflanzen wie dem Zuckerrohr oder der Indigopflanze in Amerika oder die Gewinnung von Bodenschätzen und deren Export über weltumspannende Handelsnetze.

Die Kluft zwischen der Erzählung von Menschlichkeit und Wohlstand einerseits und der Lebenswirklichkeit eines großen Teils der Menschen in den Kolonialgebieten andererseits war gewaltig, und das konnte Alexander von Humboldt überall auf seiner Reise in Amerika erleben. So hatte er kurz nach seiner Ankunft auf Kuba im Jahr 1804 mitbekommen, wie ein entflohener Versklavter ums

François-Désiré Roulin, Diner in Santa Marta
(heutiges Kolumbien), 1823

Leben gebracht wurde, als sein Versteck in Brand gesetzt wurde. Er sammelte in seinen Tagebüchern Beobachtungen über die Ausbeutung und Misshandlung versklavter Schwarzer Menschen und die unmenschlichen Bedingungen, unter denen Teile der Indigenen Bevölkerung des spanischen Amerika in Unfreiheit arbeiten und leben mussten. Ebenso wie er Pflanzen, Steine oder Klimadaten sammelte, trug er Informationen zu den Grundlagen der kolonialen Wirtschaft zusammen und wertete später in seinen Werken über Neuspanien und Kuba das auf der Verschleppung und Versklavung von Menschen basierende System aus. Dies nicht allein in Bezug auf die spanischen Kolonien, sondern als eine gesamteuropäische Angelegenheit, in die nicht nur die Kolonialmächte selbst verstrickt waren, sondern für die aufgrund der Handelsbeziehungen der gesamte europäische Kontinent verantwortlich war.

Alexander von Humboldt konnte sich nicht aus den Widersprüchen zwischen dem prinzipiellen Recht des Menschen auf Freiheit, das er wie auch Wilhelm und viele Zeitgenossen forderten, und der auf der Ausbeutung menschlicher Körper und Leben fußenden Wirtschaft in den Kolonien lösen. Denn auch gesellschaftlicher Stand und das Erreichen wissenschaftlicher Ziele waren damit verbunden. Ein wohlhabender Reisender wie er, ausgestattet mit dem Privileg eines Passes des spanischen Königs, war selbstverständlich Gast der Eliten der bereisten Gebiete. Er wurde von Kolonialverwaltern ebenso empfangen wie von Geistlichen in den Missionen im Amazonasgebiet oder der kreolischen Aristokratie. Er tauschte sich mit den Wissenschaftlern der großen Städte in Mexiko, Neugranada oder der Real Audiencia de Quito aus, wo er den Ich-Erzähler Carlos Montúfar kennenlernte, in Havanna mit Plantagenbesitzern, den Vertretern der auf Sklaverei basierenden Wirtschaft, und über Monate lebte er dort als Gast eines Sklavenhändlers. Personen wie diese waren seine wichtigsten Gesprächspartner und Informanten. Außerdem diejenigen, die mit ihren Namen in seine Berichte und Erzählungen Eingang fanden, auch wo er sie als moralisch fragwürdig, gierig oder grausam charakterisierte. Die anderen Menschen präsentierte Humboldt seinen Leser*innen meist als Objekt ethnologischen Interesses. So auch „Indianer"[4], die er mit ihren Gruppenbezeichnungen als Chaymas, Otomaken, Cariben oder Atures nennt und die ihn durch die Andersartigkeit ihrer Lebensweisen, ihrer körperlichen Erscheinung oder in ihrem Verhältnis zu den aus Europa stammenden Bewohner*innen faszinierten. Schwarze, Mulatt*innen oder Mestiz*innen haben zwar als Teil einer kolonialen Wirtschafts- und Gesellschaftsordnung einen Platz in seinen Erzählungen, doch er versagt ihnen einen eigenen Namen oder eine Stimme. Um diese zu hören, muss man die Erzählung Alexander von Humboldts, die Kreise seiner Gastgeber*innen und auch den damals in Europa formulierten Anspruch, für die Welt sprechen zu können, hinter sich lassen. Und weitere Erzählungen suchen, wie diejenige Carlos Montúfars und vor allem solche, deren Sprecher zu lange nicht gehört worden sind.

Patricia Rahemipour

VON SAMMLERN UND IHREN SAMMLUNGEN

Objekte – Akteure – Netzwerke

In einem Artikel der *Süddeutschen Zeitung* schrieben H. Glenn Penny und Philipp Schorch Anfang 2022:

> „Für die Ethnologen in der Nachfolge Alexander von Humboldts galten Museen als Werkstätten, als Orte, an denen sie sich einer umfassenden vergleichenden Analyse der Dinge widmen konnten, die von Menschen aus aller Welt hergestellt worden waren."[1]

Die hier beschriebene Verbindung von Museen, Menschen (hier: Wissenschaftler*innen) und Dingen ist bezeichnend. Der Museumsraum wird als Kontaktzone begriffen, der Menschen und Gegenstände respektive Sammlungen untrennbar miteinander verbindet. Um eine solche herzustellen, gilt für die Museen der Auftrag: Sammeln, Bewahren, Forschen, Ausstellen und Vermitteln.

Mit der Forschung wird allgemein die Absicht verfolgt, die Objekte der Sammlungen möglichst umfassend zu verstehen. Dies geschieht durch konkrete Forschungsvorhaben mit Objekten, aber auch Restaurierung oder

Ausstellungskonzeptionen sind wissenschaftliche Tätigkeiten. Auf dem Weg zu diesem Verstehen spielt die erwähnte Verbindung zwischen Mensch und Ding eine besondere Rolle, wobei speziell die Beziehung zwischen denjenigen, die gesammelt haben, und den durch sie entstandenen Sammlungen in den Blick rückt. Gerade in archäologischen Kontexten ist diese von Bedeutung, denn Grabungen ziehen großes Interesse auf sich:[2] So wird der britische Archäologe und Ägyptologe Howard Carter immer derjenige sein, der die Ägyptischen Gräber öffnete. Der 200. Geburtstag des deutschen Archäologen Heinrich Schliemann war Anlass, ihm mehrere Ausstellungen zu widmen – und zwar explizit ihm als Person. Auch bezogen auf andere Disziplinen spielen die Sammler eine wichtige Rolle. Und so ist Alexander von Humboldt mit gutem Grund einer der Namensgeber des Humboldt Forums als einem Ort, wo seine Sicht auf die Welt und die Dinge, bestimmt durch die von ihm gespeisten Sammlungen, kritisch reflektiert und betrachtet wird.

Und dennoch wurde die Beziehung zwischen Sammlern und den von ihnen gesammelten Objekten noch nicht in all ihren Facetten untersucht. Während der Zufall in der Geschichte von Sammlungen eine große Rolle spielt, stellen sie sich vor allem als komplexes Konglomerat dar, geprägt von Vorlieben der Sammler ebenso wie von fachlicher Expertise und schließlich auch von politischen Bedingungen. Als 2018 die Brandkatastrophe über das Nationalmuseum in Rio de Janeiro hereinbrach, war schnell klar, dass die internationale Museumswelt alles unternehmen würde, um die Kolleg*innen vor Ort zu unterstützen und beim Aufbau zu helfen. Neben der Rekonstruktion der Architektur galt es, die dortigen Sammlungen wiederherzustellen. In zahlreichen Gesprächen unter Vertreter*innen der Museen offenbarte sich bald, worin die Herausforderung bestand. Sie lässt sich am Beispiel der botanischen Sammlungen gut veranschaulichen: Die entsprechenden Herbarbelege (getrocknete Pflanzen oder Pflanzenteile) sind zwar weltweit als Dubletten verfügbar und könnten problemlos nach Brasilien gegeben werden. Doch auch die Sammlungen in Rio sind, wie viele andere museale Sammlungen, eklektisch entstanden. Es stellt sich also die Frage, ob diese Sammlungen im weiteren Sinn kopiert und damit auch problematische Sammelkontexte kleinteilig rekonstruiert werden sollen und können oder sich beim Wiederaufbau ein heutiges Museumsverständnis mit neuer Zielstellung und neuen Forschungsfragen in den Sammlungen spiegeln soll.

Freundschafts- und Erinnerungsbuch
Carl Ludwig Willdenows, 1784–1791

Die Geschichte der Museen kann nur dann fruchtbar gemacht werden, wenn sie als Verknüpfung aus Sammler- und Sammlungsgeschichte verstanden und bearbeitet wird. Bei den Sammlungen der Berliner Museen wird das besonders deutlich, zumal wenn es sich um so prägende Persönlichkeiten wie Alexander von Humboldt bzw. durch ihn zusammengetragene Dinge handelt. Wie die eingangs erwähnten Archäologen ist Alexander von Humboldt auch und vor allem als Person bekannt geworden. Im Fokus standen dabei seine Reisen, seine Vorträge und seine innovativen wissenschaftlichen Ansätze. Er hat die Berliner Sammlungen um zahlreiche Objekte erweitert, die er von seinen Reisen mitbrachte. Sie werden heute in den unterschiedlichsten Institutionen aufbewahrt und haben zum Teil eine sehr bewegte Geschichte. Das gilt für Sammlungsobjekte als solche, aber nicht weniger für Humboldts persönlichen Nachlass wie etwa seine Tagebücher.[3] Einige der Objekte sind vor allem deshalb bedeutend, weil sie durch Humboldt gesammelt wurden, und nicht, weil sie von besonderem wissenschaftlichem Wert wären.

In der Betrachtung Alexander von Humboldts im Zusammenhang mit diesen Sammlungen spielt sein persönliches Netzwerk eine außerordentlich große Rolle. Bekanntermaßen war er vielseitig gebildet und interessierte sich für ein sehr breites Themenspektrum: Botanik, Zoologie und Mineralogie – alles, was die Natur ausmacht, fiel in seinen Blick. So umfassend waren und sind auch seine Aufsammlungen, also die Konvolute der auf den Expeditionen zusammengetragenen Objekte. Er hat Sammlungen mit ethnologischen, botanischen oder zoologischen Objekten bestückt. Allein etwa 3000 Herbarbelege aus Amerika, bei deren Auffinden und

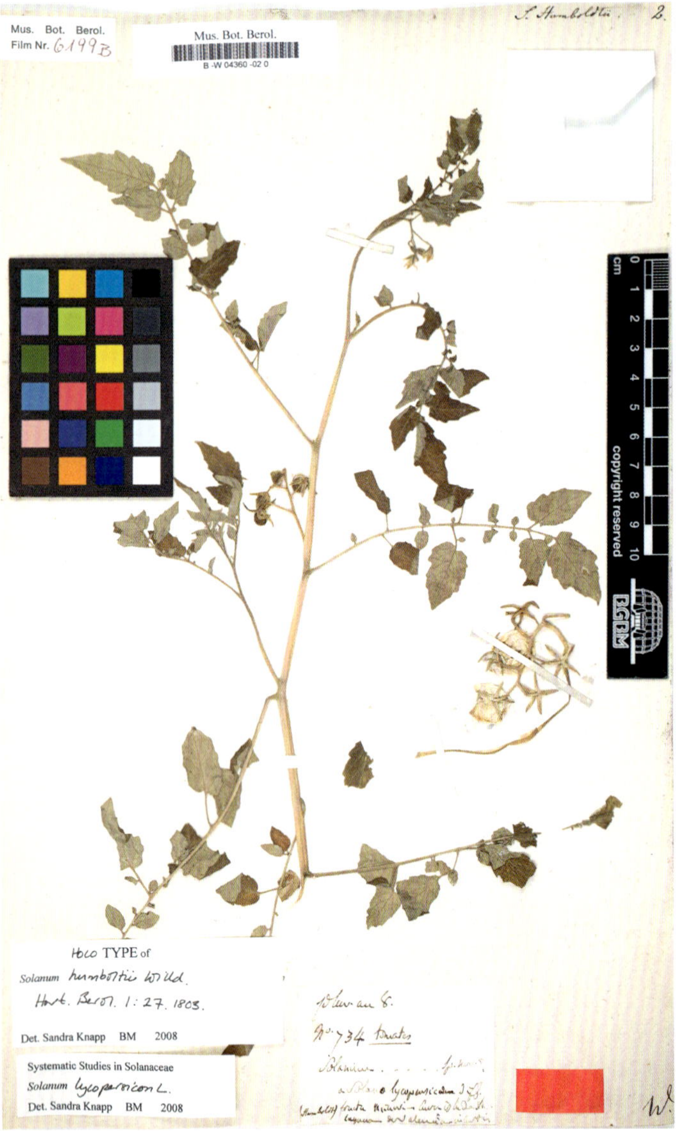

Solanum humboldtii Willd., Tomatenpflanze, die Alexander von Humboldt aus Amerika an Carl Ludwig Willdenow nach Berlin schickte

Präparieren der Botaniker Aimé Bonpland Humboldt auf seiner Reise zur Seite stand, erreichten den Botanischen Garten Berlin.

Schon in der Schulzeit lernte er seinen Mentor für Botanik kennen, Carl Ludwig Willdenow, den späteren Direktor des Botanischen Gartens in Berlin. Ein sogenanntes *Album amicorum*[4], das ebenfalls im Botanischen Garten verwahrt wird, zeigt die Kontakte, die Humboldt

Nymphaea coerulea Sav., Pflanzenteile einer Blütengirlande aus dem Grab Ramses II.

schon früh aufbaute und die sein Leben und in der Folge auch die Berliner Sammlungen nachhaltig bestimmen sollten. Wie viele botanische Sammler sandte er die Herbarbelege, die teils auch doppelt gesammelt wurden, nicht nur nach Paris, seinem damaligen Wohnort, sondern auch nach Berlin an Willdenow. Die Sammlungen waren also nicht nur deshalb am Botanischen Garten in Berlin verortet, weil dieser als Forschungs- und Sammelinstitution bereits etabliert war. Vielmehr fanden sie den Weg dorthin, weil die beiden Hauptakteure in dieser Geschichte ihr Leben lang Kontakt hielten.

Wie sehr der spezifische Blick des Sammlers den Charakter einer Sammlung bestimmt, kann cin weiteres Beispiel zeigen: Als der Afrikawissenschaftler und Botaniker Georg Schweinfurth mehrere Grabungen in Ägypten begleitete, war er der einzige anwesende Wissenschaftler,

Herbarium von Carl Ludwig Willdenow
im Botanischen Museum Berlin

der nicht nur die menschlichen Überreste sowie Grabbeigaben für die fachliche Untersuchung sicherte, sondern auch die organischen, also pflanzlichen Grabbeigaben, wie gebundene Kränze oder Speisereste aus Tonkrügen. Sie sind heute einzigartiges Zeugnis eines antiken Speiseplans, der sonst kaum oder gar nicht rekonstruierbar wäre. Die Aufsammlungen Schweinfurths befinden sich ebenfalls in der reichen Sammlung am Botanischen Garten Berlin, die mitunter als zweites Ägyptisches Museum der Stadt bezeichnet wird. Schweinfurth repräsentierte als Sammler mehrere Disziplinen und prägte somit ein Sammlungskonvolut, das für unterschiedliche Wissensgebiete fruchtbar gemacht werden kann. Dass sich dies auch auf die Museen auswirkt, ist unbestritten.

Alexander von Humboldt hat mit seinem Ansatz und seiner Art zu verstehen die Entwicklung von Sammlungen über viele Jahrzehnte beeinflusst und damit wesentlich auch die Museumsgeschichte. Nicht nur vor dem Hintergrund dieses Beispiels richtet die Sammlungsforschung und -geschichte den Blick auf die Akteure, überdies aber auf die Sammlungen in ihrem Bezug aufeinander.

Um diese Verbindung zielgerichtet zu stärken, hat sich das Netzwerk KOSMOS Berlin[5] formiert, das eine neue Forschungsperspektive auf die Sammlungen einnimmt. Der Fokus richtet sich auf die Entstehung der Sammlungen und dabei besonders auf die damit verbundenen Akteure und deren Netzwerke. Zunächst soll die Geschichte der Sammlungen in Berlin untersucht werden, selbst wenn diese nur bedingt unabhängig von der Sammlungsgeschichte in Deutschland allgemein betrachtet werden kann. Der konzentrierte Blick auf das Dreieck

Dinge – Akteure – Netzwerke verspricht Aspekte offenzulegen, die in der eher disziplinär orientierten Wissenschaftsgeschichte bislang nur ausschnittsweise sichtbar geworden sind. So waren Sammler in der Regel nicht für einen bestimmten Auftraggeber tätig, sondern für verschiedene Museen und damit unterschiedliche Fachrichtungen. Transdisziplinarität war für die Entstehung der Sammlungen wesentlich, stand jedoch lange eher im Hintergrund. Erst seit wenigen Jahren gewinnt dieser Forschungsansatz an Bedeutung und ist Grundlage der Beteiligung unterschiedlichster Institutionen an KOSMOS Berlin – Forschungsperspektive Sammlungen. Mitglieder im Forschungsverbund sind unter anderen das Deutsche Historische Museum ebenso wie das Ethnologische Museum/Museum für Asiatische Kunst, das Medizinhistorische Museum der Charité, Botanischer Garten und Botanisches Museum Berlin oder die Gesellschaft für Universitätssammlungen Deutschland. Die Forschungsprojekte werden dabei aus den sammlungshaltenden Institutionen heraus gedacht und durchgeführt. Die Objekte selbst stehen durch die klassischen Objektbiografien weiterhin im Mittelpunkt der Aufmerksamkeit, doch diese Perspektive wird in KOSMOS ergänzt durch die Thematik der Sammler. Die Berücksichtigung der Konstellationen von Dingen, Akteuren und ihren Netzwerken bietet – im Sinne Alexander von Humboldts – eine besondere Möglichkeit des von Institutionen und Fachrichtungen entgrenzten Denkens und Arbeitens.

Ute Schüren

DIE WASSER- UND MAISGÖTTIN

Ein Objekt aus der Humboldt-Sammlung des Ethnologischen Museums Berlin

Alexander von Humboldt hat sich als herausragender Wissenschaftler seiner Zeit einen Namen gemacht. In den von ihm bereisten Ländern führte er nicht nur naturkundliche Forschungen durch. Er beschäftigte sich auch mit ihrer Geschichte sowie mit zeitgenössischen wirtschaftlichen, sozialen und politischen Themen. So kritisierte er zum Beispiel die extreme soziale Ungleichheit unter der noch bestehenden spanischen Kolonialherrschaft, die Unterdrückung der Indigenen Bevölkerung, die Sklaverei und die fatalen Arbeitsbedingungen in den Bergwerken Mexikos.[1]

Seine umfangreichen Aufzeichnungen spiegeln seinen Wissensdrang und seine Akribie wider. Umso mehr erstaunt es, wie wenig Informationen er über einige der von ihm gesammelten archäologischen Objekte aus Mexiko lieferte, die er für die Königliche Kunstkammer vorgesehen hatte. Exemplarisch soll dies für die Wasser- und Maisgöttin (Chalchiuhtlicue-Chicomecoatl) – eines der Highlights im Mesoamerika-Bereich des Humboldt Forums – dargestellt werden.

Skulptur der Wasser-/Maisgöttin aus der Humboldt-Sammlung im Ethnologischen Museum Berlin, Gesamtansicht und Detail

Auf seiner amerikanischen Reise gelangte Humboldt mit seinen Begleitern am 12. April 1803 nach Mexiko-Stadt. Von dort aus unternahm er mehrtägige Exkursionen. Auch tauschte er sich mit ortsansässigen Fachleuten und Intellektuellen aus, die wichtige Beiträge zu seinen kulturhistorischen, natur- und sozialkundlichen Arbeiten beisteuerten. In Mexiko war das Interesse an den vorspanischen Kulturen wiedererwacht. Die Kreolen, also die Nachfahren der europäischen Kolonisten, fühlten sich schon länger vom kolonialen „Mutterland" gegängelt. So wurden etwa die wichtigsten Ämter mit Europaspaniern besetzt. Am Vorabend der Unabhängigkeit sollte eine eigenständige Geschichtsschreibung, die die präkolumbischen Epochen einbezog, die amerikanische Identität stärken und eine Abgrenzung von Spanien untermauern. Auch waren bedeutende archäologische Objekte entdeckt worden, welche die herausragende Bildhauerkunst der Azteken dokumentierten, beispielsweise die Statue der wichtigen Erdgottheit Coatlicue und der Kalender- oder Sonnenstein (*Piedra del Sol*) im Zentrum von Mexiko-Stadt 1790 (siehe Abb. S. 116).[2] Doch Humboldt, der das klassische Griechenland als höchste Stufe antiker Zivilisation betrachtete, hatte ein gespaltenes Verhältnis zu den aztekischen Skulpturen und schrieb etwa zur Wasser-/Maisgöttin: „... die Formen sind höchst fehlerhaft, und alles kündet von der Kindheit der Kunst."[3]

Tafel mit Zeichnung der Wasser-/Maisgöttin, aus Alexander von Humboldts *Ansichten der Kordilleren*, 1810

Schon vor Humboldt hatten Europäer begonnen, das alte Amerika zu erkunden, darunter auch der Italiener Lorenzo Boturini Benaducci, der sich seit 1736 in Mexiko aufhielt und eine große Sammlung vorspanischer und kolonialer Indigener Dokumente aus zahlreichen Archiven des Landes und privaten Sammlungen zusammentrug. Doch er fiel in Ungnade und der Vizekönig ließ seine Sammlung 1743 konfiszieren.[4] Der Luxemburger Guillaume Josephe alias Guillermo Dupaix war 1791 nach Mexiko emigriert und verfolgte dort eine militärische Karriere als Dragonerkapitän. Im Dienst zweier spanischer Könige führte er zudem archäologische Inventarisierungen und Erkundungen durch. Wichtige Objekte ließ er vom Zeichner José Luciano Castañeda dokumentieren. Er besaß auch eine eigene Sammlung, die er Humboldt wohl zeigte.[5] Humboldt unterhielt in Mexiko-Stadt zudem freundschaftliche Beziehungen zu José Antonio Pichardo, einem Pater der Kongregation San Felipe Neri, der ebenfalls seit Längerem über das mexikanische Altertum forschte. Er hatte bereits einige Dokumente aus der verstreuten Boturini-Sammlung kopiert und besaß zudem Originale, die unter anderem aus dem Nachlass seines Freundes Antonio León y Gama stammten, einem kreolischen Intellektuellen und ebenfalls wichtigen Sammler. Humboldt besichtigte den Kalenderstein, der inzwischen zur Universität verbracht worden war. Ab Juli 1803 studierte er zudem im Archiv des Vizekönigs die dort lagernden Teile der Sammlung mexikanischer Bilderhandschriften von Boturini.[6]

„Büste einer aztekischen Priesterin", vermutlich gezeichnet von José Luciano Castañeda

Wann und wo in Mexiko Humboldt aber die Wasser-/Maisgöttin erwarb, ist unklar. Er illustrierte sie später in Tafel XL seines berühmten Werks *Ansichten der Kordilleren und Monumente der eingeborenen Völker Amerikas* von drei Seiten detailgetreu (Abb. links). Dort beschrieb er sie als „Aztekisches Idol aus Basalt gefunden im Tal von México"[7]. An anderer Stelle erwähnte er zudem, es sei in den Ruinen von Texcoco entdeckt worden, offen bleibt jedoch, von wem. Diese Textstelle findet sich in Humboldts Kommentar zu einer heute im British Museum, London, befindlichen weiblichen Götterstatue aztekischen Ursprungs, die er in Tafel I und II abbilden ließ. Diese bezeichnete er irrtümlich als „Büste einer aztekischen Priesterin"[8], da ihm nicht aufgefallen war, dass die Figur kniete (Abb. oben).[9] Doch nahm er die Ähnlichkeit des Kopfschmucks beider Statuen wahr und schrieb folglich zur Wasser-/Maisgöttin ergänzend:

> „Dieses kleine Idol aus porösem Basalt ... erinnert an die Büste der Priesterin, die an den Anfang dieses Werkes gestellt ist. Man erkennt den gleichen Kopfputz, der an die *calantica* der Isis-Köpfe erinnert, die kalifornischen Perlen, welche die Stirn einrahmen, und den mit der Schleife zusammengebundenen Beutel, dessen zwei Fortsätze bis zur Körpermitte hinabreichen. Das kreisförmige Loch, das die Brust aufweist, scheint

Rückansicht der „Büste einer aztekischen Priesterin“, vermutlich gezeichnet von José Luciano Castañeda

dazu gedient zu haben, den Weihrauch (*copalli* oder *xochitlenamactli*) aufzunehmen, den man zu Ehren der Idole verbrannte. Ich weiß nicht, was die Figur in der linken Hand hält.“[10]

Die Ähnlichkeit der zwei Statuen erklärt sich dadurch, dass beide Aspekte der aztekischen Wassergottheit Chalchiuhtlicue (Die mit dem Edelsteinrock) aufweisen. Doch unterscheidet sich die kleine Figur dadurch, dass sie vor ihrer Beschädigung in beiden Händen Maiskolben hielt. Dies identifiziert sie auch mit der Maisgöttin Chicomecoatl (Sieben Schlange). Es ist in der religiösen Kunst der Azteken nicht selten, dass Aspekte zweier Gottheiten in einer Skulptur verbunden sind. Denn gerade ihr Zusammenwirken wurde für die Fruchtbarkeit und das Gedeihen des Mais, des wichtigsten Grundnahrungsmittels in Mesoamerika, als zentral erachtet.[11] Den mit Fruchtbarkeit assoziierten Gottheiten zu huldigen, war überaus wichtig. So waren von den 18 Monatsfesten des Sonnenjahrs (*veintena*-Rituale) allein sieben, also mehr als ein Drittel, dieser Thematik gewidmet. Die Feierlichkeiten bezogen sich auf den Regengott Tlaloc und die mit ihm in diesem Ritualkomplex verbundenen Gottheiten. Die Wassergöttin Chalchiuhtlicue wird in den Quellen abweichend als seine Frau, Tochter, Mutter oder Schwester bezeichnet. Texcoco, der mögliche Fundort, war einst nicht nur ein wichtiges politisches Zentrum des aztekischen Staates, sondern auch eine bedeutende Pilgerstätte für den Regengott und damit auch für Wasser- und Maisgöttinnen.[12]

Gleichzeitig mit der Wasser-/Maisgöttin überließ Humboldt dem König von Preußen eine weitere aztekische Skulptur für seine Kunstkammer, den sogenannten Huehueteotl (Alter Gott). Für beide Objekte gibt es in den Dokumenten des Museums wenig Information. Im Leitfaden für die *Königliche Kunstkammer und das Ethnographische Cabinet zu Berlin* wird lediglich aufgeführt: „Ein Götzenbild aus poröser Lava gefunden bei Mecameca, und ein unter den Ruinen von Tetzcuco [Texcoco] gefundenes Götzenbild, sind Geschenke Hrn. A. v. Humboldts (C 1314).“[13] Auf der aktuellen Karteikarte des Ethnologischen Museums zur Wasser-/Maisgöttin findet sich nur der Eintrag „Mecamaca“, also wahrscheinlich der Ort Amecameca de Juárez im heutigen Bundesstaat Estado de México. Aber stimmt diese Zuordnung?

Zum Huehueteotl gibt es immerhin zwei Karteikarteneinträge: 1. „Steinfigur. sitzend – beschädigt schwarzgrauer poröser Stein.“ Und hier lautet der Provenienzvermerk „Tetzcoco“. Sammler sei Humboldt, und unter 2. findet sich der Vermerk „Götzenbild von porösem Stein (beschädigt). Herkunft: unter den Trümmern von Tezcuco gefunden im Thal Tezobitotla, H. 16,6 cm, B. 9,1 cm“.[14] Hier wird also ein weiteres Objekt aus porösem Stein Tetzcoco/Tezcuco (Texcoco) zugeordnet. Dies war aber laut Humboldt der Herkunftsort der kleinen Wasser-/Maisgöttin. Darüber hinaus erscheint der Stein des stark zerstörten Huehueteotl deutlich weniger porös als jener der Wasser-/Maisgöttin.

Dieses Beispiel zeigt, dass die aktuelle Zuordnung der beiden Objekte aus der Humboldt-Sammlung des Ethnologischen Museums Berlin zweifelhaft ist. Entweder hat Humboldt selbst die Provenienz des Huehueteotl und der Wasser-/Maisgöttin aus porösem Stein verwechselt. Dies wäre nicht das einzige Mal, denn auf seinen Tafeln finden sich durchaus fehlerhafte Zuordnungen (siehe Abb. S. 115).[15] Wahrscheinlicher aber ist, dass die beiden Objekte später in Berlin bei der Inventarisierung vertauscht wurden und Humboldts Herkunftsangabe Texcoco fälschlich dem Alten Gott zugewiesen wurde.

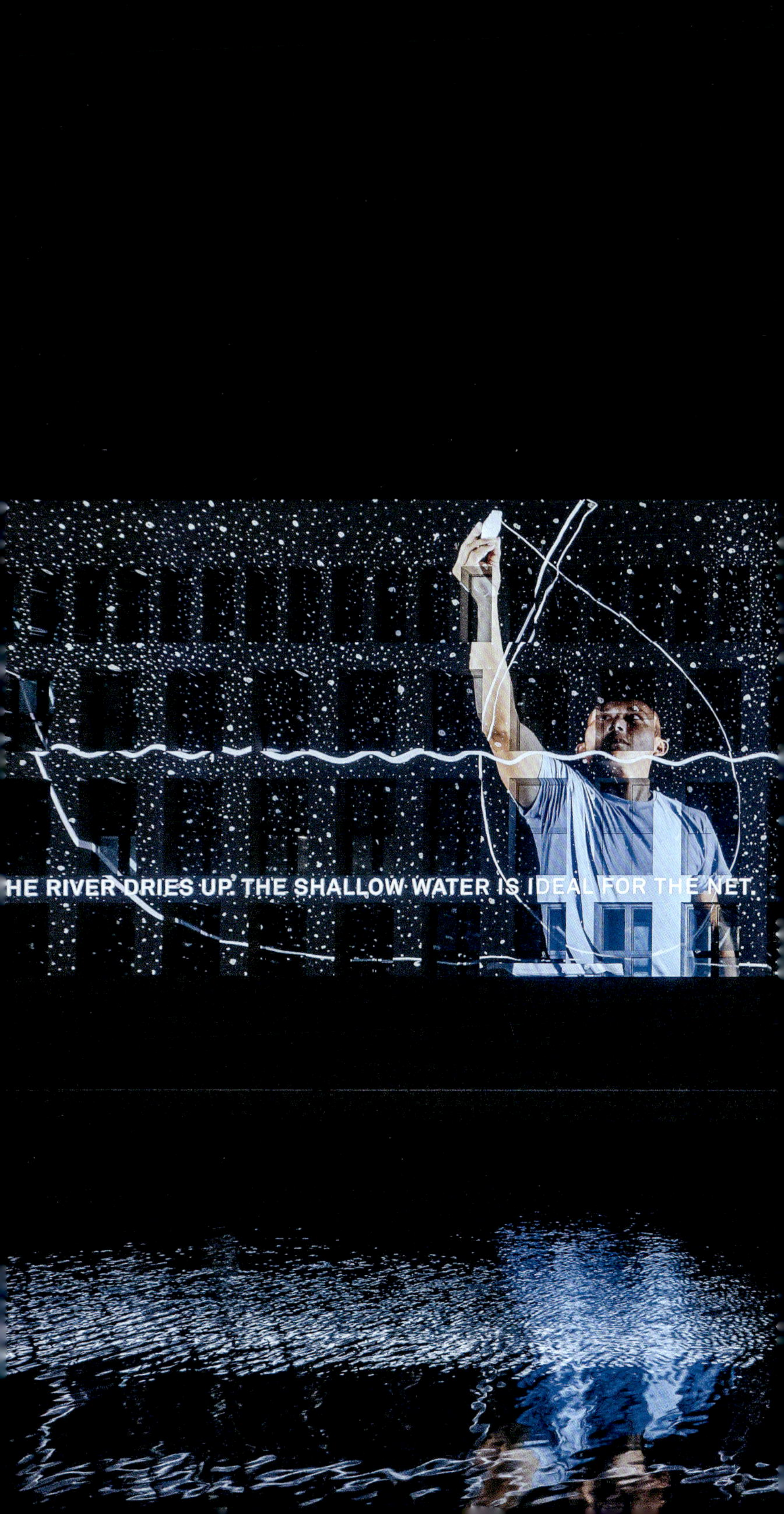
HE RIVER DRIES UP. THE SHALLOW WATER IS IDEAL FOR THE NET.

S. 94–95
Die Holzskulptur einer mikronesischen Gottheit im Ethnologischen Museum (links, Foto 2018) und der Künstler Ismael Pimentel dos Santos beim Zeichnen eines Makrokosmos in einer Projektion auf der Ostfassade des Humboldt Forums (rechts, 2019)

David Blankenstein

VIELE SPRACHEN IN EINER WELT

97

SPRACHEN

„Vater unser im Himmel …" – diese Worte waren im Europa der Brüder Humboldt der kleinste gemeinsame Nenner in der Erforschung der Sprachen der Welt. Seit dem 15. Jahrhundert dienten die Verse des bekanntesten christlichen Gebets Gelehrten dazu, Sprachen zu verzeichnen, sie zu vergleichen, nach ihren Verwandtschaften zu fragen und sie zu ordnen. Missionare hatten den Text schon seit der Antike und verstärkt im Zuge der kolonialen Expansion Europas in alle Weltgegenden exportiert und in die dort gesprochenen Sprachen übersetzt. Ganze 39 Sammlungen des Vaterunser erwähnt im Jahr 1806 ein Buch mit dem Titel *Mithridates oder allgemeine Sprachenkunde*.[1]

An diesem Buch hatte Wilhelm von Humboldt als Autor mitgewirkt. Es war seine erste Publikation über Sprachen, nachdem diese ihm lange lediglich als einer von vielen Wegen gegolten hatten, um Aufschluss darüber zu gewinnen, was der Mensch ist. Von seinen anatomischen Studien war schon die Rede (vgl. S. 37–44), ebenso von seiner Übertragung des Wissens über biologische Zusammenhänge auf geistige Eigenschaften, wie sie etwa in seinem Konzept zur Bildung des Menschen eine Rolle spielt (vgl. S. 49–53). Eine Zeit lang glaubte er, aus der genauen Beobachtung der Gesichtszüge von Menschen ließen sich Schlüsse über den sogenannten *Nationalcharakter* ziehen. Derlei Untersuchungen galten damals als eine Wissenschaft mit dem Namen „Physignomik", blieben jedoch ebenso sehr Beweise schuldig wie die vielen anderen Versuche, Menschen durch die Bestimmung von Schädelformen und Hirnvolumen, Hautfarben und anderen körperlichen Merkmalen zu ordnen. Die verheerende gesellschaftliche Last solcher Deutungsversuche der äußeren Erscheinung der Menschen und deren Übertragung auf ganze Gemeinschaften (zwischen Stereotypisierung und Rassismus) trägt die Menschheit bis heute. Wilhelm von Humboldt gelang es immerhin, sich recht bald der Unmöglichkeit seines Vorhabens bewusst zu werden und nach wissenschaftlich redlicheren und zielführenderen Methoden zu suchen, mit denen sich die Vielfalt der Menschheit erfassen ließ. Und eben die fand er in der Beschäftigung mit Sprache.

Ein Schlüsselmoment dafür war eine Reise, die er 1799/1800 unternahm. Dabei legte er ungefähr 5000 Kilometer zurück, von Paris bis nach Südspanien und wieder nach Paris. Wilhelms Expeditionsteam waren seine Frau Caroline, die lange Abhandlungen über die Kunst in Spanien verfasste, sowie ihre damals drei kleinen Kinder. Seine Tagebucheinträge wechseln von Beschreibungen der Landschaften und Städte im südlichen Frankreich und in Spanien zu Schilderungen der Bewohner*innen der bereisten Gebiete, ihres Aussehens, der Gebräuche und gemeinschaftlichen Organisation. Immer wieder widmet er sich auch den jeweiligen Sprachen. Im zwischen Frankreich und Spanien aufgeteilten Baskenland lernte er eine Sprache kennen, die ganz anders war als alle, mit denen er bis dahin vertraut war; heute wissen wir, dass das Baskische tatsächlich mit keiner anderen bekannten Sprache verwandt ist. Und sie war damals kaum erforscht. Humboldt betrachtete sie, nicht ganz zu Unrecht, als eine europäische Ursprache und ihre Sprecher*innen als eine Gemeinschaft, die sich über Jahrtausende deren Verdrängung durch indoeuropäische Sprachen widersetzt hatte. Die Erforschung der Eigenheiten des Baskischen war eine faszinierende Möglichkeit, durch das Studium der Grammatik und der Wortbildung über die Entstehung von Sprache überhaupt nachzudenken. Wahrscheinlich half Wilhelm eben die Andersartigkeit des Baskischen, seine Überlegungen zu deren Zusammenhang mit dem Denken zu schärfen: Er erkannte Sprache als ein „Mittel, durch welches der Mensch zugleich sich selbst und die Welt bildet".[2] Insofern ist sie viel mehr als ein bloßes Werkzeug zur Kommunikation, nämlich „zugleich Werk des Menschen und Ausdruck der Welt".[3] Das heißt auch, dass jede Sprache in ihrer Eigenheit zu eigenen Ansichten der Welt führt, und dies machte Sprachen für ihn zu einem idealen Forschungsgegenstand, um sich mit der Vielfalt der Menschheit zu beschäftigen.

Seine Beschäftigung mit Sprache auf einer breiteren Ebene setzte bezeichnenderweise 1804 ein, während er sich als Gesandter am Heiligen Stuhl in Rom aufhielt, der Vaterunser-Weltstadt schlechthin. Hier konnte er in Archiven und Bibliotheken studieren, was christliche Jesuiten über die Jahrhunderte zusammengetragen hatten: von einfachen Wörterlisten bis zu umfassenderen Grammatiken. Hier traf er auch auf Gelehrte, die ihm eine erste Orientierung geben konnten. Ein wesentlicher Impuls für das Studium der Sprachen des amerikanischen Kontinents kam jedoch aus der eigenen Familie: 1805 reiste Alexander von Humboldt nach Rom, wo sich die Brüder zum ersten Mal seit Alexanders fünfjähriger Amerikareise wiedersahen. Im Gepäck hatte er ein neben Pflanzen und Gesteinen oft vergessenes Sammelgut, das nicht nur für Wilhelm wegweisend sein sollte – Bücher, teils handschriftlich kopiert, Wörterverzeichnisse und Grammatiken vieler einzelner amerikanischer Sprachen: die der

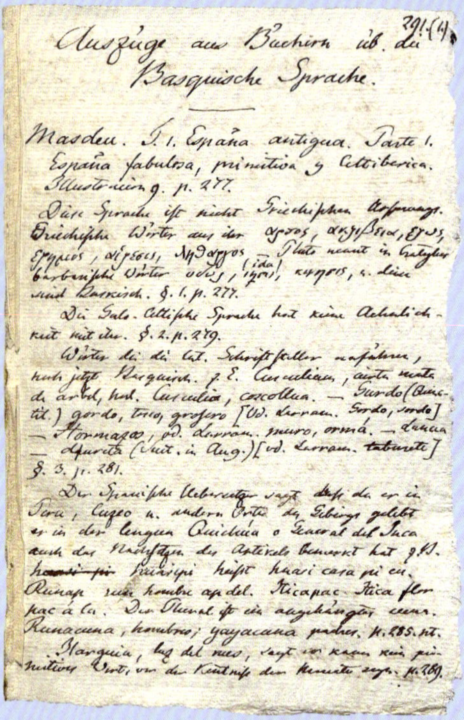

Auszüge aus Büchern üb. die Basquische Sprache.

Masdeu. T. 1. España antigua. Parte 1. España fabulosa, primitiva y Celtiberica. Illustracion 9. p. 277.

Auszüge aus Büchern über die baskische Sprache,
Autograph von Wilhelm von Humboldt

Muisca, der Inka, des Nahuatl der Mexica oder Azteken, der Otomi-Sprache oder der mixtekischen, die der Tachiwin oder Totonaca, des Cora oder mehrerer karibischer Sprachen. Der Linguist Jürgen Trabant, der sich über Jahrzehnte mit den Sprachforschungen Wilhelm von Humboldts befasst hat, bezeichnet die Ankunft der von Alexander gesammelten Sprachmaterialien in Europa und deren Auswertung durch Wilhelm und andere Gelehrte als „ein grundlegendes Ereignis für die Entstehung der modernen Sprachwissenschaft".[4] Dieser Stellenwert kommt Alexander von Humboldts grundlegenden Sammlungen und Erkenntnissen deshalb zu, weil sie damals einerseits Einblicke in die Geschichte und Abstammungsverhältnisse, also die zeitliche Dimension der Sprachen der Welt erlaubten, und andererseits die Untersuchung der Verschiedenheit der Sprachen in ihrer räumlichen Verbreitung. Es gab kaum ein Wissensfeld, über das sich die Brüder Humboldt nicht ausgetauscht hätten; ihre Zusammenarbeit in punkto Sprachen war jedoch sicherlich die nachhaltigste.

Alexander hatte seinen Bruder um eine fundierte Studie zu den amerikanischen Sprachen für sein 30-bändiges

Werk über Amerika gebeten. Es haben sich auch Manuskriptteile erhalten, die das gewaltige Vorhaben andeuten – doch Wilhelm gelang es nicht, es fertigzustellen. Über die Gründe lässt sich spekulieren. Generell ließ er viele Ansätze zu Abhandlungen und Büchern unvollendet – aus Zeitmangel, Unzufriedenheit mit seinen eigenen Leistungen oder weil sich ihm neue interessante Forschungsgebiete eröffneten. Doch ein weiterer Grund mag hier ins Spiel gekommen sein: Zur Zeit der Humboldts gab es (noch) wenige amerikanische Sprachen mit einer Schriftkultur, es existierten also keine literarischen oder philosophischen Schriften, wie sie in Europa seit der klassischen Antike, aus dem asiatischen Raum und Teilen Afrikas bekannt waren. So konnte Wilhelm zwar einzelne Wörter oder den Aufbau einer Sprache analysieren, jedoch anhand von kaum mehr als den diversen von Missionaren überlieferten Übersetzungen des Vaterunser. Von Einblicken in das Denken und die Poesie und, wie er gesagt hätte, den Charakter der vielen amerikanischen Sprachgruppen war er weitgehend abgeschnitten.

Obwohl er grundsätzlich jede Sprache der Untersuchung für würdig befand, begegnet den Leser*innen seiner Untersuchungen auch hier immer wieder das eurozentrische Vorurteil, dass sich im Bau der Sprachen, der weniger oder mehr ausgeprägten Komplexität und der durch Schrift hinterlassenen Produkte Stufen mehr oder weniger entwickelter Zivilisation zeigen. Überdies war er – wie die meisten seiner die Sprachen der Welt erforschenden Zeitgenossen in Europa – mit einem weiteren Problem konfrontiert: In den wenigsten Fällen war die Grundlage der Untersuchung die Auseinandersetzung mit den Sprechern selbst. Die Befunde waren das Resultat von Analysen der Aufzeichnungen reisender Europäer, von Kolonialbeamten und Missionaren, oder der in London, Paris, Wien, Berlin und anderen Metropolen archivierten Manuskripte und Inschriften.

Dazu gehörten auch die in Sanskrit verfassten Texte der *Bhagavadgita* oder des *Yogasutra*, die ab dem frühen 19. Jahrhundert als Quellen einer uralten Religion, Philosophie und Literatur studiert wurden, oder die Überlieferungen in der austronesischen Kawi-Sprache, der Wilhelm von Humboldt sein Alterswerk widmete. Hier waren Texte überliefert und er konnte die Sprachen studieren, wie sie von gelehrten Autoren vergangener Jahrhunderte und Jahrtausende gebraucht worden waren, um Gedanken und Weltanschauungen zu formulieren ebenso wie religiöse Vorstellungen und gesellschaftliche Konzepte. Sanskrit lernte Humboldt nicht nur, er verehrte die Sprache,

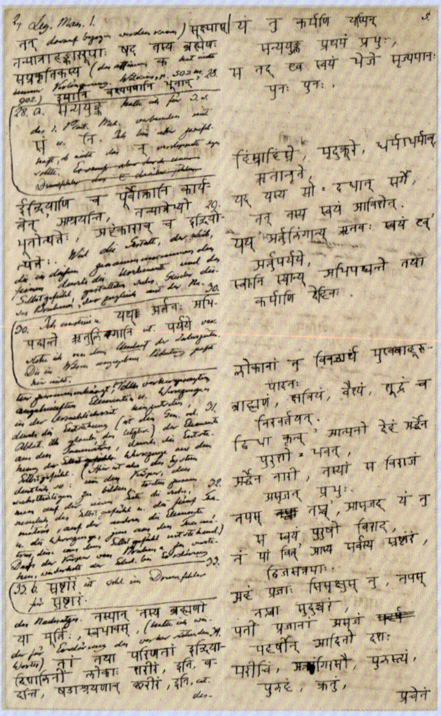

Das Gesetzbuch des Manu, Sanskritabschrift von Wilhelm von Humboldt mit Anmerkungen

weil er in den überlieferten Texten eine große gedankliche Tiefe erkannte. „Die Arbeit zieht mich noch unendlich an. Sie wissen, wie sehr ich von der ersten Lesung des Gedichts ergriffen war, u[nd] dieser Eindruck bleibt mir, je länger u[nd] mehr ich es zergliedre", schrieb er einem Kollegen 1825 über die altindische *Bhagavadgita*, in der auch die Lehre des Yoga festgehalten ist.[5] Damit war er nicht allein: Studien sogenannter orientalischer Texte boomten in Europa, die Untersuchung von Literaturen und Philosophien ferner Regionen und Zeiten gehörte zum europäischen Projekt der Erschließung und Deutung der Welt. Einer der grundlegenden Texte der postkolonialen Methode, Edward Saids Buch *Orientalism* von 1978 (dt. 1981), widmet sich der europäischen Praxis im 19. Jahrhundert, von den Wissenschaftszentren in Wien, Berlin, Paris oder London aus ein Bild unvertrauter Kulturen zu erschaffen, das viel mit den eigenen Bedingungen des Wissens und mit Selbstbestätigung gegenüber dem „Fremden" zu tun hatte, aber wenig mit einer ausgewogenen Auseinandersetzung. Die Ansätze Humboldts lassen sich in dieser Perspektive nicht vom Geist seiner Zeit trennen. Bemerkenswert ist jedoch, dass er die uralten

Yogis unter einem Baum, Illustration aus den Jahangir-Alben, 17. Jahrhundert, Ausschnitt

Formen des Denkens, wie er sie etwa in der Yoga-Lehre fand, als gleichwertig mit der Philosophie des antiken Griechenlands betrachtete. Aus der Sicht vieler westlicher Gelehrter jener Zeit war die griechische Kultur dagegen das Fundament der europäischen, über alles erhabenen Zivilisation.

Auch indische Gelehrte und Intellektuelle hatten damals begonnen, nach den früheren Geschichten und Weltansichten in ihrem unter britischer Kolonialherrschaft stehenden Land zu suchen, und beschäftigten sich ihrerseits mit dem Sanskrit und Texten aus alter Überlieferung. Während die Gelehrten in Europa noch über Wert und Rang der Kulturen stritten, kam es in Indien zu einer fruchtbaren Auseinandersetzung mit Philosophien und Lehren wie der des Yoga. Dessen indische Renaissance war auch ein Nährboden für die Entstehung von Formen, welche die physischere Seite der Verbindung von Körper und Geist betonten, und zu einem Erfolgsmodell wurden, das sich heute auf alle Kontinente verbreitet hat – in Yoga-Studios und nicht in Missionen, wie das Vaterunser.

Mandana Seyfeddinipur

WILHELM VON HUMBOLDTS TRAUM

Mit 70 Sprachen beschäftigte sich Wilhelm von Humboldt vor 200 Jahren, zu einer Zeit, als man sich auf schriftliche Artefakte verlassen musste, um diese Sprachen zu studieren. Artefakte, die ihm sein Bruder Alexander, Kollegen und Bekannte von ihren Reisen mitbrachten oder per Post sandten. Trotz aller Beschränkungen dieser Materialien – vor allem Wortlisten, Grammatiken und Übersetzungen christlicher Texte – gelangte er zu wichtigen Einsichten in den Charakter räumlich und strukturell so entfernter Sprachen wie dem Baskischen, dem Kawi auf Java, dem Mandarin-Chinesischen und dem Nahuatl in Mexiko.

Linguisten schätzen, dass heute rund 7000 Sprachen auf der Welt gesprochen werden. Die Hälfte davon ist akut gefährdet, bald nicht mehr gesprochen zu werden. Analog zum Artensterben spricht man vom Sprachensterben – aber Sprachen sterben nicht, sondern Menschen nutzen sie nicht mehr. Sobald die Sprachvermittlung zwischen den Generationen unterbrochen wird und Kinder die Sprache ihrer Vorfahren nicht mehr erlernen und nutzen, droht diese zu verschwinden. In vielen Regionen ziehen Menschen vom Land in die Stadt, vom globalen Süden in den Norden und stellen sicher, dass ihre Kinder die jeweilige Sprache lernen und nutzen, die ihnen durch einen leichteren Zugang zu Ausbildung und Einkommen ein besseres Leben ermöglicht. Das sind die großen Sprachen wie Mandarin, Spanisch oder Englisch. Diesen Prozess zu unterbrechen oder umzukehren, ist schwierig, wie wir aus den Bemühungen der Maori, Basken, Friesen und Waliser wissen, um nur wenige zu nennen.

Dass Sprachen verloren gehen, hat es immer schon gegeben. Der Prozess hat sich aber in den letzten Jahrzehnten ungeheuer beschleunigt. Der Trend zu den großen Sprachen hat sich durch die Ausweitung der globalen Mobilität und des kommunikativen Radius mittels neuer, digitaler Möglichkeiten verstärkt. Die globale Entwicklung tendiert daher zu immer weniger Sprachen, die von immer mehr Menschen für die Interaktion verwendet werden. An einer Sprache festzuhalten, die nur wenige verstehen, wird damit vermeintlich zum Nachteil. Dabei waren und sind die meisten Gemeinschaften mehrsprachig und kennen und nutzen normalerweise mehr als eine Sprache.

In jeder einzelnen Sprache ist ein Universum von Wissen enkodiert, das Gemeinschaften über Jahrhunderte akkumuliert haben. Diese reichen Schätze umfassen das lokale Wissen über kulturelle Praktiken, die Herstellung materieller Kulturgüter, wie Werkzeuge, Bauten, Schmuckstücke, Boote und Waffen, oder auch immaterielle Systeme wie Glauben und Religion und Kosmologien, wie man auf dem Markt handelt, wie Verwandtschaftsverhältnisse konzeptualisiert sind. Biologisch-medizinisches Wissen über Pflanzen und deren Verwendung, medizinisches Wissen und lokale Heilverfahren sind in diesen bedrohten Sprachen in komplexen Weisen kodiert. All dies wird täglich neu mit Leben erfüllt, solange eine Sprache gesprochen wird.

Schon Wilhelm von Humboldt erkannte, dass jede Sprache Ausdruck einer Weltsicht und die Diversität der Sprachen der Schlüssel zu verschiedenen Sichtweisen auf die Welt ist. Wenn diese Diversität schwindet, bleiben von zahlreichen Sprachen nur Spuren in Form einer Grammatikskizze oder kurzer Wortlisten, anhand derer sich diese Sichtweisen kaum noch erahnen lassen. Mit solchen Bruch- und Versatzstücken musste sich Humboldt zufriedengeben, mit Aufzeichnungen Dritter über eine Sprache, über eine Gemeinschaft. Seine Schriften weisen darauf hin, dass ihm klar war, was alles ihm fehlte, um gesicherte Aussagen über die Sprachen treffen zu können. Daher erteilte er wohl die Druckfreigabe für seine Studien zum Kawi, für das er epische und andere Literatur gefunden hatte, nicht aber für seine Studien zu anderen Sprachen. Besonders faszinierten ihn auch die Cherokee, nachdem er aus einem Briefwechsel erfahren hatte, dass diese ein silbenbasiertes Schriftsystem entwickelt hatten, welches die Gemeinschaft in kürzester Zeit erlernte. Ab 1827 erschien in New Echota, der damaligen Hauptstadt der Cherokee Nation, die erste in einer Indigenen Sprache Nordamerikas verfasste Zeitung, der *Cherokee Phoenix*. Humboldt abonnierte das Blatt, wohl in der Hoffnung, mit Texten arbeiten zu können, die von den Cherokee selbst und in ihrem eigenen Schriftsystem geschrieben worden waren – also Quellen zu nutzen, die von den Sprechern selbst erstellt wurden und nicht auf den Aufzeichnungen Außenstehender beruhten, und in denen zugleich die Gemeinschaft selbst die Stimme erhob und ihre Weltsicht in ihrer Sprache darstellte.

Wie seinen Schriften zu entnehmen ist, erkannte Wilhelm von Humboldt schon früh, dass eine Grammatik, ein Wörterbuch und gedruckte Texte nur beschränkt erlauben, die Komplexität und den Reichtum einer Sprache zu erschließen, darzustellen und wirklich begreifbar zu machen. Er konnte die Sprecher*innen der Sprache nicht einfach fragen, was etwas heißt oder wie man etwas ausspricht. Ohne Rückfragen war es ihm unmöglich, die Bedeutung von Worten wie „Weltschmerz" zu erschließen. Inkonsistente Aussagen in einer Wortliste konnte er ebenso wenig korrigieren, wie ihm ohne Unterhaltungen eine Prüfung der Satzstruktur möglich war. Es war ihm nicht vergönnt, den Klang und die Melodie der meisten Sprachen zu erfahren und den Austausch im Gespräch zu erleben. Nur auf seinen Reisen ins Baskenland 1799 und 1801 konnte er seine linguistischen Analysen überprüfen und mit Sprecher*innen arbeiten. Für die vielen anderen Sprachen, über die er gearbeitet hat, galt das nicht. Er hielt fest: „Die Sprache liegt nur in der verbundenen Rede. Grammatik und Wörterbuch sind kaum ihrem todten Gerippe vergleichbar."[1]

Die Tradition, sich mit dem „Gerippe" der Sprache zu beschäftigen, mit der Struktur und abstrakt über Gemeinschaften und ihre Sprache zu forschen, anstatt den Menschen zuzuhören, besteht in der Linguistik bis heute. Doch die meisten sprachlichen und kulturellen Praktiken sind an den Moment des gesprochenen Austauschs gebunden und gehen oft genug bereits bei einer Verschriftlichung verloren. Daher versuchen Menschen seit den späten 1990er-Jahren, seit die dramatische Situation des Sprach-

Sequoyah, der Erfinder der Cherokee-Schrift, in einem Porträt von ca. 1830

verlusts immer klarer wurde, weltweit dagegen anzugehen, indem sie Sprachen vor allem mithilfe von Videoaufnahmen umfassend dokumentieren, diese archivieren und weltweit zugänglich machen. Für Wilhelm von Humboldt wohl ein Traum: ein globales digitales Archiv mit reichen Aufzeichnungen verbundener Rede von Sprachen aus der ganzen Welt!

Sprachgemeinschaften, Wissenschaftler*innen und Aktivisten*innen versuchen so, den Verlust der linguistischen Diversität und des immateriellen kulturellen Erbes zu verhindern. Wissenschaftler*innen untersuchen anhand der Aufnahmen Fragen wie die Universalität und Diversität sprachlicher Phänomene oder das Erlernen dieser unterschiedlichen komplexen Systeme im Kindesalter und das Heranwachsen zu multilingualen Sprecher*innen. Gemeinschaften dokumentieren selbst, arbeiten mit Linguist*innen zusammen und suchen Unterstützung, um ihrerseits aktiv werden zu können. Sie nutzen die Aufnahmen, um Lehrmaterialien zu erstellen und ihre Sprache zu unterrichten. Junge Aktivist*innen kreieren Hip-Hop-Musik in ihren Sprachen oder nutzen sie in den sozialen Medien. Auch das könnte wohl ein Traum Wilhelm von Humboldts gewesen sein: den Stimmen der Gemeinschaften selbst zuzuhören.

NATIONALISME
NEPOTISME

GENCE DE NO
CAPITA

S. 108–109
In der Installation *Indignation* der Künstlerin Justine Gaga verflechten sich Gesellschaft, Kolonialität und Globalisierung mit der Dauerausstellung des Ethnologischen Museums im Humboldt Forum, seit 2021

David Blankenstein

HÄUSER FÜR DINGE, HÄUSER FÜR WORTE

111

SAMMELN

In Berlin gab es kein Museum, als Wilhelm und Alexander von Humboldt dort aufwuchsen, einmal abgesehen von der damals schlecht gepflegten und kaum besuchten Kunstkammer im Berliner Schloss. Doch sind Museen und ähnliche Kulturorte Erfindungen ihrer Zeit, die sich mit bemerkenswerter Kontinuität bis heute erhalten haben und weiterentwickelt werden.

Alexander von Humboldt erfand selbst einen solchen Ort, und zwar in einer Erzählung, die 1795 in der von dem Dichter Friedrich Schiller herausgegebenen Zeitschrift *Die Horen* veröffentlicht wurde. Darin treffen sich die Bewohner einer Stadt im antiken Sizilien in einer von Säulen getragenen, halb offenen Halle, *Stoa poikile* genannt, in der Gemälde und Kriegsbeute gezeigt werden. Sie diskutieren über die Kunstwerke und besonders über eines, das fremd und rätselhaft erscheint: „Das Volk", erklärt Humboldts Erzähler, „staunt an und bewundert, was es nicht kennt."[1]

Wilhelm schrieb zwei Jahre später an Schiller, mit dem er sich häufig über Kunst und das Erlernen ästhetischer Wahrnehmung austauschte, von seinen Museumsbesuchen während eines Aufenthalts in Dresden: „Ich besuche die Galerie und die Antiken, noch mehr aber die Gipsabgüsse häufig und benutze sie nach der Art, wie ich sie meiner Art, die Dinge anzusehen, näherbringen kann."[2]

Schiller schließlich verfasste weitere fünf Jahre später ein Gedicht mit dem Titel „Die Antiken zu Paris"[3]. Es entstand unter dem Eindruck des massenhaften Transports von Kunstwerken durch die Armee Napoleons aus Italien in die französische Hauptstadt. Darin heißt es:

> „Und in prangenden Museen
> Zeig' er seine Siegstrophäen
> Dem erstaunten Vaterland."

Wilhelm von Humboldt hatte die Ankunft der Wagen mit den geraubten Skulpturen und Gemälden in Paris gesehen, bevor er der Stadt mit seiner Familie nach mehreren Jahren den Rücken kehrte, um nach Italien zu übersiedeln. Er war also nicht mehr vor Ort, als französische Soldaten ab 1806 auch Kunstwerke aus deutschen Ländern, darunter Preußen, nach Paris brachten, entwendet aus Sammlungen in königlichen Schlössern und den Kunstsammlungen der Akademien bis hin zum Brandenburger Tor, von dem die Bronzepferde der Quadriga abmontiert wurden. Er kam erst zurück an die Seine, als Napoleon von den alliierten Mächten geschlagen war, und er hatte eine Mission: Die Kunstwerke, die in großer Zahl im Louvre und in neugegründeten Museen der französischen Provinz ausgestellt oder noch in Kisten eingelagert waren, sollten dorthin zurückkehren, wo sie geraubt worden waren. Wilhelm von Humboldt war als preußischer Diplomat damit befasst, und sein damals in Paris lebender Bruder versuchte, zwischen französischem Museumspersonal und den Preußen zu vermitteln. Bald machten sich Pferdewagen auf den Weg, Kunstwerke wieder Richtung Berlin zu transportieren. Dort gab es nach wie vor kein öffentliches Museum, aber seit dem Kunstraub führte man intensive Debatten darüber, welcher Platz der Kunst in der Gesellschaft zukomme. Im Louvre konnten Bürger*innen, Paris-Besucher*innen, Künstler*innen und Kunstkenner*innen Kunst von der Antike bis in ihre Zeit erstmals an einem Ort in großen und annähernd lückenlosen Zusammenhängen sehen und studieren. So war es möglich, über Können und Geschmack zu streiten und zugleich die Kunst in ihren zeitlichen und regionalen Unterschieden einzuordnen und eine wissenschaftliche Betrachtungsweise zu entwickeln. In Berlin entstand schließlich unmittelbar gegenüber dem Schloss das erste Museum, dessen Sammlungen zwar formell dem König gehörten, das jedoch allen Bewohner*innen und Besucher*innen der Stadt offenstand. Im Jahr 1830 eröffnet, ist es das heutige Alte Museum, auf dessen Säulenhalle auch die Besucher*innen des Humboldt Forums und seiner Museen in nördlicher Richtung blicken. Wie das Schloss auf der Spreeinsel gelegen, war seine Errichtung der Auftakt zu einer Reihe von Sammlungshäusern, die zu dem Namen „Museumsinsel" führten und Berlin 1999 einen ersten UNESCO-Welterbe-Titel verschafften.

Die Einrichtung des ersten Berliner Museums im Jahr 1830 war die letzte Aufgabe, die Wilhelm von Humboldt auf Weisung des Königs für den preußischen Staat übernehmen sollte. Zwanzig Jahre zuvor hatte er als erstes Bildungsprojekt eine Reform des preußischen Schulwesens verantwortet. Gemeinsam mit Pädagogen und Philosophen hatte er das Konzept einer schulischen Bildung entwickelt, die nicht auf eine spätere Arbeit ausgerichtet war, sondern die Vermittlung breiteren Wissens und das Erlernen des Lernens in den Vordergrund stellte. So sollten die jungen Menschen befähigt werden, freier und souveräner zu handeln als es für weite Teile der Gesellschaft damals möglich war. Das humanistische Gymnasium ist ein Erbe dieser Reform. Frei sein sollte auch die Universität, die Wilhelm 1809 für Berlin konzipierte, heute die Humboldt-Universität. Ein Ort weitgehend unabhängig von staatlichem Einfluss und wirtschaftlichen Interessen sollte sie sein, ein Raum für Wissenschaft und den Austausch darüber, in dem unterschiedliche Formen des Wissens miteinander in Kommunikation treten.

Die Berliner Museumsgründung war nun ein weiterer Baustein gesellschaftlicher Bildung. Hier sollten nicht Worte, sondern Dinge auf die Menschen wirken und dazu beitragen, dass sie zu vollkommenen, mündigen und letztlich produktiveren Mitgliedern der Gesellschaft würden. Für sich selbst setzte er das im Privaten in seinem Schlösschen in Tegel um, wie er an Friedrich Gottlieb Welcker schrieb:

> „Ich baue jetzt eben ein neues Haus hier, das vorzüglich den Zweck hat, unsere Marmor und Gipse zu stellen, doch nicht in einer Art Museum, wozu die Sammlung zu klein ist, sondern so, daß die Kunstsachen sich mit dem häuslichen Wesen verbinden."[4]

Alexander hätte damals in Berlin das Amt des Museumsdirektors übernehmen sollen. Doch er lehnte vehement ab. Sein Engagement für Sammlungen und Museen konnte er viel besser aus einer Position als Berater des Königs, durch seine internationalen Verbindungen und auch als Kunstagent fruchtbar machen. Er hatte schon von Paris aus immer wieder Kunstwerke und ganze Sammlungen im Auftrag der preußischen Krone gekauft. Den Architekten des im Bau befindlichen Alten Museums, Karl Friedrich Schinkel, ließ er 1826 in die französische Hauptstadt kommen, um ihm die Aufstellung der Kunstwerke im Louvre zu zeigen. Als Berlin im Jahr darauf wieder zu seinem Hauptwohnsitz wurde, brachte er nicht nur den Plan mit, aus Berlin eine führende Wissenschaftsmetropole zu machen, sondern er hatte auch gerade in Paris den Kauf einer großen Sammlung ägyptischer Kunstwerke in die Wege geleitet, die zum Kern eines weiteren Museums werden sollte.

Was Berliner*innen und Europäer*innen im Allgemeinen bis dahin kaum kannten und bestaunen konnten, waren Kunstwerke aus Amerika. Alexander hatte nur etwa eine Handvoll kleinerer Skulpturen und aztekischer Bildhandschriften in seine Heimat mitgebracht (vgl. S. 88–93). Ein Teil davon ist heute im Humboldt Forum zu sehen. Aber er hatte während seiner Reise zwischen Mexiko-Stadt und Lima mit großem Interesse Ruinen, Steinskulpturen und andere Kulturzeugnisse amerikanischer Kultu-

Zeichnung eines Reliefs aus Palenque, Mexiko,
aus Alexander von Humboldts *Ansichten der Kordilleren*, 1810

ren studiert und dokumentiert, von vielen Dingen konnte er sich Zeichnungen verschaffen. Nach seiner Rückkehr fasste er diese in einem eigenen Werk zusammen: Es entstand ein monumental dimensioniertes Buch mit dem Titel *Ansichten der Kordilleren und Monumente der eingeborenen Völker Amerikas*. Darin werden amerikanische Landschaften, die er vor Ort skizziert und in Deutschland, Frankreich und Italien durch versierte Künstler hatte ausarbeiten lassen, mit den menschengemachten Erzeugnissen amerikanischer Kulturen in Zusammenhang gestellt, die sich in seinem Besitz, in mexikanischen Privatsammlungen oder öffentlichen Sammlungen und Bibliotheken in Europa befanden. Eine Art Museum auf Papier, das nicht nur der Verortung der vorspanischen Kunstwerke und Architektur in der Landschaft Amerikas dienen sollte, sondern auch der Suche nach Verbindungen zu künstlerischen Ausdrucksformen anderer Weltteile, zur Kunst des alten Ägypten oder des südasiatischen Raums. Die Begegnung mit den amerikanischen Kunstwerken und deren Ästhetik, die er Gelehrten und Interessierten ermöglichte, war für die Wahrnehmung amerikanischer Kulturen bahnbrechend. Vorerst war es eine Begegnung auf Papier, doch dies änderte sich, als Mexiko Anfang der 1820er-Jahre unab-

Handzeichnung des aztekischen Sonnensteins aus dem Nachlass Alexander von Humboldts in Quito, Ecuador

hängig wurde. Damit war das Land auch für nicht spanische Europäer erreichbar und zog Neugierige und Spekulanten an. Manche profitierten von den noch unklaren politischen Verhältnissen, um Sammlungen präkolumbischer Kunstwerke nach Europa zu bringen. Mit deren Weg in die Museen stand in einigen dokumentierten Fällen wiederum Alexander von Humboldt in Verbindung, der seine Kontakte zu Museumsdirektoren und Politikern nutzte, um für den Ankauf der Objekte und damit deren Einbeziehung in das museal bewahrte Erbe der menschlichen Zivilisationen zu werben. Seine eigene Suche nach den Zusammenhängen der Kulturen korrespondierte nicht zufällig mit der Entwicklung von Museen zu Orten, an denen die ganze Welt durch die von Menschen hervorgebrachten Dinge erfahrbar werden sollte. Für die Brüder Humboldt, wie viele ihrer Zeitgenossen in Europa geprägt von der Ästhetik der griechischen Antike, waren diese Beziehungen in der Regel nicht gleichwertig, sondern Ausdruck von Zivilisationsstufen, auf der Grundlage einer Hierarchie zwischen dem, was sie als „barbarisch“ und dem, was sie als „vollendet“ betrachteten, und das Museum war das Instrument, um diese Stufen zu vermitteln.

Agostino Aglio, Ansicht der Ausstellung *Ancient Mexico* in der Egyptian Hall in London, 1824

Im Jahr 1845 war Alexander von Humboldt ein letztes Mal im größten Museum der Welt, dem Louvre, durch dessen Galerien er viele Male preußische Könige, Prinzen und deren Gemahlinnen, Berliner Architekten, Künstler und Gelehrte geführt hatte. Nun war er jedoch Begleiter von eher außergewöhnlichen Museumsbesuchern. Eine Gruppe von 13 Angehörigen des Iowa Tribe, oder Báxoje, wie sie sich selbst nannten, besichtigten mit ihm die europäischen Kunstschätze von der Antike bis ins 18. Jahrhundert. Außerdem womöglich die Säle des ägyptischen Museums, das sich seit 1827 im Louvre befand, ebenso wie die des Musée naval, in denen auch menschengemachte Dinge von Expeditionsreisen und aus französischen Kolonialgebieten zu sehen waren. Was er den Iowa über die Antiken in Paris und anderes erzählte, wissen wir nicht, auch nicht, ob sie mit Freude, Unbehagen oder Langeweile durch das Museum gingen. Bekannt ist, dass sie sich im Auftrag des amerikanischen Künstlers George Catlin in Paris aufhielten, um dessen „Indianisches Museum“, eine Sammlung seiner Porträts und Genreszenen amerikanischer Natives, zu bewerben, dass sie vor dem französischen König Tänze aufführten, von Künstlern und Schriftstellern bestaunt und bewundert und von Anthropologen vermessen wurden; sie waren nicht nur Betrachter*innen, sondern in erster Linie Objekte der Betrachtung.

DIE AUTOR*INNEN

DAVID BLANKENSTEIN studierte Kunstgeschichte und Museologie in Berlin und Montreal und forscht seit rund zehn Jahren über Alexander von Humboldt. Er war Kurator der Ausstellung über Wilhelm und Alexander von Humboldt im Deutschen Historischen Museum 2021 und hat die aktuelle Ausstellung zum Leben und Wirken der Brüder Humboldt im Humboldt Forum kuratiert.

HARTMUT DORGERLOH ist Kunsthistoriker, Denkmalpfleger und Kulturmanager. Er war von 2002 bis 2018 Generaldirektor der Stiftung Preußische Schlösser und Gärten Berlin-Brandenburg, seit 2018 ist er Generalintendant und Vorstandsvorsitzender der Stiftung Humboldt Forum im Berliner Schloss.

ALFRED HAGEMANN ist Leiter des Bereichs Geschichte des Ortes der Stiftung Humboldt Forum. Der Kunsthistoriker hat seit 2007 eine Reihe von kulturhistorischen Ausstellungen zur Geschichte Preußens und der DDR in Berlin und Potsdam kuratiert.

CHRISTIAN KASSUNG ist Professor für Kulturtechniken und Wissensgeschichte sowie Principal Investigator am Exzellenzcluster Matters of Activity an der Humboldt-Universität zu Berlin. Seit 2018 ist er Dekan der Kultur-, Sozial- und Bildungswissenschaftlichen Fakultät der Humboldt-Universität.

UTA KORNMEIER ist Kuratorin für Wissenschaft und Forschung im Programmbereich Akademie der Stiftung Humboldt Forum. Zuvor war sie Projektleiterin und wissenschaftliche Mitarbeiterin am Leibniz-Zentrum für Literatur- und Kulturforschung Berlin und kuratierte wissenschaftliche Ausstellungen unter anderem im Medizinhistorischen Museum der Charité Berlin.

FABIANO KUEVA ist Multimedia-Künstler, Klangkünstler, Radiomacher und Kulturmanager. Er studierte Soziologie und Videokunst an der Universidad Central del Ecuador und entwickelt multimediale Projekte mit Museen und im öffentlichen Raum in Lateinamerika und Europa. Zum 250. Geburtstag Alexander von Humboldts kuratierte er 2019 eine Ausstellung im Humboldt Forum.

JAN MENDE ist Kurator des Knoblauchhauses beim Stadtmuseum Berlin. Er war Projektleiter bzw. Kurator von Ausstellungen zu Heinrich von Kleist, Johann Gottfried Schadow, Adolph Menzel und Friedrich Gilly. 2021 kuratierte er die Einrichtung des Humboldt-Kabinetts am Amtssitz des Bundespräsidenten.

PATRICIA RAHEMIPOUR ist Direktorin des Instituts für Museumsforschung der Staatlichen Museen zu Berlin – Stiftung Preußischer Kulturbesitz. Die Prähistorikerin und Kulturwissenschaftlerin hat lange für das Deutsche Archäologische Institut gearbeitet, kuratierte zahlreiche Ausstellungen und war fünf Jahre lang Leiterin des Botanischen Museums in Berlin.

UTE SCHÜREN ist Altamerikanistin, Ethnologin und Kuratorin der Mesoamerika-Sammlung im Bereich Amerikanische Archäologie des Ethnologischen Museums, Staatliche Museen zu Berlin – Stiftung Preußischer Kulturbesitz. Sie forscht zu Indigenen Kulturen in Geschichte und Gegenwart sowie zu Kolonialismus.

MANDANA SEYFEDDINIPUR ist Linguistin und Direktorin des Endangered Languages Documentation Programme und des Endangered Languages Archive der Berlin-Brandenburgischen Akademie der Wissenschaften. Beide Forschungsprogramme widmen sich der Dokumentation und Bewahrung bedrohter Sprachen.

CHRISTIAN THOMAS ist wissenschaftlicher Mitarbeiter der Berlin-Brandenburgischen Akademie der Wissenschaften und der Klassik Stiftung Weimar. Er war von 2014 bis 2016 Projektmitarbeiter bei Hidden Kosmos – Reconstructing Humboldt's Kosmos-Lectures an der Humboldt-Universität zu Berlin. Im Jahr 2021 schloss er seine Promotion zu den *Kosmos*-Vorträgen ab.

S. 6–9

1 Alexander von Humboldt: Tagebucheintrag während der Überfahrt von Cuba nach Cartagena (Kolumbien), März 1801, in: Alexander von Humboldt. Lateinamerika am Vorabend der Unabhängigkeitsrevolution, hg. v. Margot Faak, Berlin 2003, S. 175f., hier S. 176.

S. 15–22

1 Johann Matthias Schröckh: Lehrbuch der allgemeinen Weltgeschichte zum Gebrauche bey dem ersten Unterrichte der Jugend, Berlin/Stettin 1777, S. 13.
2 Alexander von Humboldt: Ich über mich selbst. Mein Weg zum Naturwissenschaftler und Forschungsreisenden 1769–1790, in: Ders.: Tagebücher der Amerikanischen Reise, VII a u. b, S[anta] Fe [de Bogotá], 1801 [mit späteren Ergänzungen], Deutsches Textarchiv, https://www.deutschestextarchiv.de/humboldt_ich_1804/1 (Zugriff: 16.03.2022), Bl. 134v–136v, hier fol. 134v.
3 Friedrich Christoph Wurmb: Vollständige Nachricht von der in Hamburg mit dem Anfange des 1768sten Jahres zu eröffnenden Handlungsakademie, Hamburg 1767, zit. nach Bruno Zieger: „Die Hamburger Handelsakademie“, in: Gewerbeschau, Sächsische Gewerbezeitung 34 (1902), S. 292–294, 308f., 324–326, 341f. u. 358–360, hier S. 294.
4 Wilhelm von Humboldt: Tagebücher 1788–1798, Bd. 1, hg. v. Albert Leitzmann, Berlin 1916, S. 119.
5 Wilhelm von Humboldt: „Ideen über Staatsverfassung, durch die neue französische Konstituzion veranlaßt“, in: Berlinische Monatsschrift 19 (1792), S. 84–98.
6 Alexander von Humboldt an Friedrich Heinrich Jacobi, 3.1.1791, in: Alexander von Humboldt: Die Jugendbriefe Alexander von Humboldts 1787–1799, Bd. 2, hg. v. Ilse Jahn und Fritz G. Lange, Beiträge zur Alexander-von-Humboldt-Forschung, Berlin 1973, S. 118.
7 Wilhelm an Caroline von Humboldt, Wien, 23.2.1815, in: Wilhelm und Caroline von Humboldt in ihren Briefen, Bd. 5, hg. v. Anna von Sydow, Berlin 1920, S. 363.
8 Dorothea von Sagan (Duchesse de Dino), zit. nach Elisabeth Feckes: Dorothea, Herzogin von Dino und Sagan, ihr Leben mit besonderer Berücksichtigung zum preussischen Königshause und zu deutschen Politikern, Bonn 1917, S. 81f.

S. 23–27

1 Zit. nach Gespräche Alexander von Humboldts, hg. v. Hanno Beck, Berlin 1959 (Friedrich Trendelenburg, Mai 1832), S. 339.
2 Archiv der Oberpfarr- und Domkirche zu Berlin, Bestand 13, Nr. 1, S. 318/4f.
3 Zit. nach Henriette Herz in Erinnerungen, Briefen und Zeugnissen, hg. v. Rainer Schmitz, Leipzig/Weimar 1984, S. 48.
4 Alexander von Humboldt an Carl Friedrich Gauß, 24.06.1840, zit. nach Bärbel Holtz: „Cicerone des Königs? Alexander von Humboldt und Friedrich Wilhelm III.“, in: HIN – Alexander von Humboldt im Netz, Internationale Zeitschrift für Humboldt-Studien 15/29 (2014), S. 152–162, hier S. 152, DOI: 10.18443/ 207 (Zugriff: 24.02.2022).

S. 28–33

1 Heinrich Heine: Berliner Briefe, Erster Brief, 1822, http://www.heinrich-heine.net/briefe.htm (Zugriff: 18.01.2022).
2 Zit. nach Gespräche Alexander von Humboldts, hg. v. Hanno Beck, Berlin 1959 (Friedrich Trendelenburg, Mai 1832), S. 128.
3 Achim und Bettina in ihren Briefen. Briefwechsel Achim von Arnim und Bettina Brentano, hg. v. Werner Vordtriede, Frankfurt a. M. 1961, S. 754.
4 Friedrich von Matthison: Erinnerungen, 5. Teil, Neueste Ausgabe, Wien 1817, S. 152.
5 Richard Knoblauch: Chronik des Knoblauchhauses in Berlin. Aus den Tagebüchern und Akten des Familienarchivs, neu hg. v. Jan Mende, Berlin 2021, S. 153 (Notiz Carl Knoblauch, 12. März 1830,

über ein Gespräch mit Henriette Sontag).

6 Johann Wolfgang von Goethe: Werke, Bd. 12, Schriften zur Kunst und Literatur (Hamburger Ausgabe), Maximen und Reflektionen, München 1994, S. 487.

7 Ludwig Börne: Berliner Briefe 1828, hg. v. Ludwig Geiger, Berlin 1905, S. 71.

8 Geheimes Staatsarchiv PK Berlin, I. HA Rep. 89 Nr. 20715 Pfaueninsel 1830–1835, fol. 163–167.

9 Friedrich Justin Bertuch: Bilderbuch für Kinder. Enthaltend eine angenehme Sammlung von Thieren, Pflanzen, Blumen, Früchten, Mineralien, Trachten und allerhand andern unterrichtenden Gegenständen aus dem Reiche der Natur, der Künste und Wissenschaften, hg. v. Petra Feuerstein-Herz, Darmstadt 2012, S. 178f. (Menschenraub und Sclavenhandel).

10 Wie Anm. 5, S. 159 (Tagebuchnotiz Carl Knoblauch 25. Februar 1827).

S. 37–44

1 So nennt es der Historiker Peter Burke; vgl. Peter Burke: Die Explosion des Wissens. Von der Encyclopédie bis Wikipedia, Berlin 2014.

2 Wilhelm von Humboldt an Karl Gustav Brinkmann, 18.3.1793, in: Wilhelm von Humboldts Briefe an Karl Gustav von Brinkmann, hg. u. erl. v. Albert Leitzmann, Leipzig 1939, S. 61.

3 Alexander von Humboldt an Samuel Thomas Soemmerring: Bayreuth, 7. Juni 1795, Freies Deutsches Hochstift / Frankfurter Goethe-Museum, Handschriftensammlung, Hs-5053, hg. v. Ulrich Päßler unter Mitarbeit v. Klaus Gerlach und Ingo Schwarz, in: edition humboldt digital, Berlin-Brandenburgische Akademie der Wissenschaften, Berlin, Version 8 vom 11.05.2022, https://edition-humboldt.de/v8/H0002729/1v (Zugriff: 14.09.2022).

4 Das erwähnt die Frau des Professors Ilgen, in dessen Haus in Jena die Humboldts eine Zeitlang wohnten, zit. nach Ilse Jahn und Ulrike Leitner: „Die anatomischen Studien der Brüder Humboldt unter Justus Christian Loder in Jena“, in: HiN – Alexander von Humboldt im Netz, Internationale Zeitschrift für Humboldt-Studien 11/21 (2010), S. 90–96, DOI: 10.18443 /150 (Zugriff: 17.03.2022).

5 Alexander von Humboldt: Versuche über die gereizte Muskel- und Nervenfaser: nebst Vermuthungen über den chemischen Process des Lebens in der Thier- und Pflanzenwelt, erster Band, Posen 1797.

6 Vgl. etwa Johann Friedrich Blumenbach: Über den Bildungstrieb und das Zeugungsgeschäfte, Göttingen 1791.

7 Alexander von Humboldt: Kosmos. Entwurf einer physischen Weltbeschreibung, 5 Bde., Stuttgart/Tübingen 1845–1862.

8 Übersetzung d. Verf., im Original „Je conçus l'idée d'une physique du monde“, Alexander von Humboldt an Marc-Auguste Pictet, 24.1.1796, in: Alexander von Humboldt: Correspondance scientifique et littéraire. Recueillie, publiée et précédée d'une notice et d'une introduction par M. de la Roquette, Paris 1865, S. 4.

S. 45–48

1 Zu Körperlichkeit und Performativität vgl. Erika Fischer-Lichte: Performativität. Eine kulturwissenschaftliche Einführung, Bielefeld 2015, S. 332.

2 Alexander von Humboldt, Henriette Kohlrausch. Die Kosmos-Vorlesung an der Berliner Sing-Akademie, hg. v. Christian Kassung und Christian Thomas, Berlin 2019. Die Nachschriften der Kosmos-Vorträge wurden im Projekt *Hidden Kosmos* der Humboldt-Universität zu Berlin erschlossen und im *Deutschen Textarchiv* der Berlin-Brandenburgischen Akademie der Wissenschaften ediert. Mit Christian Thomas: „... ein Gemisch von Gehörtem und Selbstzugesetztem“. Nachschriften der ‚Kosmos-Vorträge‘ Alexander von Humboldts. Dokumentation, Kontextualisierung und exemplarische Analysen. Diss., Humboldt-Universität zu Berlin, erscheint vorauss. 2022 die erste umfassende Auseinandersetzung mit diesem zentralen Quellenbestand.

3 Vgl. grundlegend Christian Thomas: „You Can't Put Your Arms Around a Memory — The Multiple Versions of Alexander von Humboldt's ‚Kosmos Lectures' (1827/28)", in: Versioning Cultural Objects, hg. v. Roman Bleier und Sean M. Winslow, Norderstedt 2019, S. 77–99.
4 Unter anderem das weitgespannte Korrespondenznetz Alexander von Humboldts zeigt, dass Humboldt'sche Wissenschaft als Gemeinschaftsunternehmung angelegt ist. Die stetig erweiterte Datenbank *correspSearch* verzeichnet momentan bereits mehr als 6200 edierte Briefe von und an Humboldt: https://correspsearch.net/de/start.html (Zugriff: 19.02.2022).
5 Hierzu auch Andreas W. Daum: Alexander von Humboldt, München 2019, S. 87–89.
6 Vgl. Inka Mülder-Bach: „Bild und Bewegung. Zur Theorie bildnerischer Illusion in Lessings Laokoon", in: Deutsche Vierteljahresschrift für Literaturwissenschaft und Geistesgeschichte 66, 1992, S. 1–30, DOI: 10.1007/BF03396287 (Zugriff: 04.02.2022).
7 Zit. aus der Nachschrift Kohlrausch, Kassung/Thomas 2019 (wie Anm. 2), S. 137 (Hervorhebung im vorliegenden Abdruck durch die Autoren); vgl. dazu ebd., S. 54, Anm. 26.

S. 49–53

1 Alexander von Humboldt an Ludwig Bollmann, Cumaná (Venezuela), 15.10.1799, zit. nach Alexander von Humboldt: Es ist ein Treiben in mir. Entdeckungen und Einsichten, hg. v. Frank Holl, München 2009, S. 73.
2 Matthias Glaubrecht: „Von ‚Schloss Langweil' zum Chimborazo. Reisen, Werk und Wirken des von der Vernunft legitimierten Abenteurers Alexander von Humboldt, 1769–1859", in: Naturwissenschaftliche Rundschau 62 (2009), S. 525–530 (579–586), hier S. 580; wie weit sich das Spektrum der Zuhörerschaft tatsächlich auch auf die sozial Schwächeren erstreckte, ist jedoch nicht belegt, vgl. Andreas W. Daum: „Popularisierung des Wissens", in: Alexander von Humboldt-Handbuch. Leben – Werk – Wirkung, hg. v. Ottmar Ette, Stuttgart 2018, S. 200–204, hier S. 202.
3 Vgl. allgemein Gerhard Lauer: „Das Humboldtsche Bildungsideal", in: Wilhelm von Humboldt, Schriften zur Bildung, hg. v. Gerhard Lauer, Stuttgart 2019, S. 236–271.
4 Immanuel Kant: „Was ist Aufklärung?", in: Berlinische Monatsschrift 12 (1784), S. 481–494, hier S. 481.
5 Johann Friedrich Blumenbach: Über den Bildungstrieb und das Zeugungsgeschäfte, Göttingen 1781, S. 12.
6 Wilhelm von Humboldt: „Theorie der Bildung des Menschen", Fragment, Manuskript ca. 1793, in: Wilhelm von Humboldt, Schriften zur Bildung, hg. v. Gerhard Lauer, Stuttgart 2019, S. 5–12, hier S. 6.
7 Ebd.
8 Ebd., S. 8.
9 Jürgen Trabant: Weltansichten. Wilhelm von Humboldts Sprachprojekt, München 2012, S. 19.
10 Wie Anm. 6, S. 11.
11 Wilhelm von Humboldt: „Über die Verschiedenheiten des menschlichen Sprachbaus", [1827–1829], in: Werke in fünf Bänden, hg. v. Andreas Flitner und Klaus Giel, Darmstadt 1963, S. 191.
12 Johann Gottfried Schadow: National-Physiognomien, oder Beobachtungen über den Unterschied der Gesichtszüge und die äußere Gestaltung des menschlichen Kopfes, Berlin 1835.
13 Alexander von Humboldt: Kosmos. Entwurf einer physischen Weltbeschreibung, Bd. 1, Stuttgart/Tübingen 1845, S. 385.

S. 59–66

1 Alexander von Humboldt: Das Buch der Begegnungen. Menschen – Kulturen – Geschichten aus den Amerikanischen Reisetagebüchern, hg. v. Ottmar Ette, München 2018.
2 Alexander von Humboldt: Die Jugendbriefe Alexander von Humboldts 1787-1799, Bd. 2, hg. v. Ilse Jahn und Fritz G. Lange, Beiträge zur Alexander-von-Humboldt-Forschung, Berlin 1973, S. 666.
3 Alexander von Humboldt: „Briefe des Herrn Alexander von

Humboldt", in: ders., Sämtliche Schriften digital, hg. v. Oliver Lubrich und Thomas Nehrlich, Universität Bern 2021, https://humboldt.unibe.ch/text/1800-Aus_einem_Schreiben_Alexanders-2 (Zugriff: 11.09.2022).
4 Ebd.
5 Alexander von Humboldt: „Lettre de Bordeaux", in: Gazette Nationale ou le Moniteur Universel 332 (2 Fructidor an 12, 20.08.1804), S. [1463].
6 https://edition-humboldt.de/.
7 Wilhelm von Humboldts Briefe an Karl Gustav von Brinkmann, hg. und erl. v. Albert Leitzmann, Leipzig 1939, S. 60.

S. 67–71

Dieser Beitrag ist die ausführliche Fassung einer in der Artikelserie „Humboldt Forum" veröffentlichten Notiz vom 17.08.2021, https://www.tagesspiegel.de/zeitung/serie-humboldt-forum-teil-iii-warum-humboldt/27512306.html (Zugriff: 13.05.2022).

1 Jorge Carrera Andrade, „Humboldt", in: Obra poética, Quito 2000, S. 534 (Übers. M. Meßner).
2 www.archivohumboldt.org/ (Zugriff: 12.05.2022).
3 www.humboldtforum.org/de/presse/mitteilungen/250-jahre-jung-zum-geburtstag-von-alexander-von-humboldt/ (Zugriff: 12.05.2022).
4 Ruth Moya und Fausto Jara: Taruka, La Venada. Literatura oral kichwa, Quito 2009, S. 46.
5 Autorin der Humboldt-Biografie Alexander von Humboldt und die Erfindung der Natur (München 2016), die ein Bestseller wurde.
6 Taita Antisana, ein von Gletschern bedeckter Vulkan, der als heilige männliche Wesenheit angesehen wird, 5753 m hoch und 54 km vor Quito gelegen. Der Vulkan dient einem Großteil der Stadt als Wasserquelle.
7 Es gibt mehrere „Humboldt-Häuser", so in La Habana, Taxco, Popayán, Mexiko-Stadt oder Caracas.
8 Leonhard Salzer und Anna Nöbauer liefern in ihrem Artikel detaillierte architektonische Beschreibungen; vgl. Leonhard Salzer und Anna Nöbauer: „(Auf) Humboldts Spuren. Eine bauforscherische Untersuchung der ‚Casa Humboldt' am Antisana in Ecuador", in: HIN – Alexander von Humboldt im Netz, Internationale Zeitschrift für Humboldt-Studien 22/43 (2021), S. 65–82, DOI: 10.18443/309 (Zugriff: 20.02.2022).
9 Alexander an José Clavijo y Fajardo, Vorsteher des königlichen Naturalienkabinetts in Madrid, datiert auf Quito, den 12. Juni 1802; vgl. Alexander von Humboldt: Cartas Americanas. Zusammengestellt und mit einem Vorwort, Anmerkungen und Chronologie von Minguet, Caracas 1989, S. 76f.
10 Ein Vorschlag, der in der verfassungsgebenden Versammlung Ecuadors des Jahres 2008 von sozialen, ökologischen, Indigenen und feministischen Bewegungen unterstützt wurde. In Bolivien wurde 2010 das Gesetz über die Rechte von Mutter Erde verabschiedet; in Kolumbien, Australien und Neuseeland wurden verschiedene Erfahrungen mit der Anerkennung von Ökosystemen als Rechtssubjekt gemacht.
11 Heilige weibliche Wesenheit, Ursprung der Gesamtheit des Lebens, dessen Dimensionen, Zeiten und Räume sämtlich umfassend sind.
12 Primera Plana Diario Digital, https://primeraplana.com.ec/epmaps-restaurara-la-casa-humboldt-en-el-antisana/ (Zugriff: 13.05.2022).

S. 75–80

1 Carlos Montúfar, zit. nach Reinhard Andress und Silvia Navia: „Das Tagebuch von Carlos Montúfar: Faksimile und neue Transkription", in: HiN – Alexander Von Humboldt Im Netz. Internationale Zeitschrift für Humboldt-Studien 13/24 (2012), S. 21–74, DOI: 10.18443/163 (Zugriff: 14.04.2022).
2 Alexander von Humboldt: Reise in die Äquinoktial-Gegenden des Neuen Kontinents, 2 Bde., hg. v. Ottmar Ette, Frankfurt a. M/Leipzig 1991, Bd. 1, S. 215; Bd. 2, Teilbd. 1, S. 167.
3 Alexander von Humboldt: Atlas géographique et physique des régions equinoxiales du nouveau continent, Paris 1814.
4 Alexander von Humboldt benutzt diese Sammelbezeich-

nung für die Indigene Bevölkerung Amerikas in seinen Tagebüchern und in seinem Reisewerk. Vgl. etwa: Alexander von Humboldt: Reise in die Äquinoktial-Gegenden des Neuen Kontinents, hg. v. Ottmar Ette, Frankfurt a. M./ Leipzig 1991; weiterhin ders.: Das Buch der Begegnungen. Menschen – Kulturen – Geschichten aus den Amerikanischen Reisetagebüchern, hg. v. Ottmar Ette, München 2018.

S. 81–87

1 H. Glenn Penny und Philipp Schorch: „Zurückgeben ist nicht die einzige Lösung", in: Süddeutsche Zeitung, Gastbeitrag vom 09.01.2022 zur Zukunft der Ethnologischen Museen, https://www.sueddeutsche.de/kultur/ethnologie-museen-restitution-ethnologische-museen-1.5503600?reduced=true (Zugriff: 18.02.2022).

2 Vgl. zur Rolle der Archäologie in der Öffentlichkeit auch: Patricia Rahemipour: „Archäologie im Scheinwerferlicht. Die Visualisierung der Prähistorie im Film 1895 – 1930", Bochum 2009, DOI: 10.17169/refubium-13401 (Zugriff: 18.02.2022).

3 Vgl. hier das Akademievorhaben „Wissenschaft aus der Bewegung" der Berlin-Brandenburgischen Akademie der Wissenschaften, wo die Manuskripte und Tagebücher Alexander von Humboldts in einem Langzeitprojekt intensiv ausgewertet werden: https://www.bbaw.de/forschung/alexander-von-humboldt-auf-reisen-wissenschaft-aus-der-bewegung (Zugriff: 18.02.2022).

4 Zum Album amicorum – Freundschaftsbuch: Patricia Rahemipour und Kathrin Grotz: „Wie Wissen wächst. Alexander von Humboldt, ein Album amicorum und die Pflanzen", in: Wilhelm und Alexander von Humboldt. Katalog zur gleichnamigen Ausstellung im Deutschen Historischen Museum, hg. v. David Blankenstein, Bénédicte Savoy, Raphael Gross und Arnulf Scriba, Darmstadt 2019, S. 65–74.

5 Mehr Informationen zum Netzwerk unter: www.forschungsperspektive-sammlungen.de (Zugriff: 18.02.2022).

S. 88–93

1 Alexander von Humboldt: Versuch über den politischen Zustand des Königreichs Neuspanien, 5 Bde., Tübingen 1809–1814.

2 Ignacio Bernal: A History of Mexican Archaeology. The Vanished Civilizations of Middle America, London 1980, S. 49–102.

3 Alexander von Humboldt: Ansichten der Kordilleren und Monumente der eingeborenen Völker Amerikas [Vues des Cordillères et Monumens des Peuples Indigènes de l'Amérique], Paris 1810/13, in deutscher Sprache hg. v. Oliver Lubrich und Ottmar Ette, Frankfurt a. M. 2004, Taf. XL, S. 300.

4 Wie Anm. 2, S. 57–60; Ursula Thiemer-Sachse: „El ‚Museo histórico indiano' de Lorenzo Boturini Benaduci y los esfuerzos del erudito alemán Alejandro de Humboldt para preservar sus restos para una interpretación científica", in: HIN – Alexander von Humboldt im Netz, Internationale Zeitschrift für Humboldt-Studien 4/6 (2003), S. 5–24, DOI: 10.18443/36 (Zugriff: 24.02.2022).

5 Leonardo López Luján: El capitán Guillermo Dupaix y su álbum arqueológico de 1794, hg. v. Museo Nacional de Antropología, Instituto Nacional de Antropología e Historia, Mexiko-Stadt 2015, S. 17–70.

6 Alexander von Humboldt: Reise auf dem Río Magdalena durch die Anden und Mexiko, Teil 2, Übersetzung, Anmerkung, Register, übers. u. bearb. v. Margot Faak, Berlin 1990, S. 218–229, 238, 367.

7 Wie Anm. 3, Taf. XL, S. 300–301.

8 Ebd., Taf. I und II, S. 21–25.

9 Ausführlich zur Geschichte der Skulptur siehe Foni Le Brun-Ricalens, Leonardo López Luján und Claude Wey: „Alexander von Humboldts ‚Aztekische Priesterin' alias die Chalchiuhtlicue aus der Sammlung Guillermo Dupaix. Historiografischer Essay einer Translokation von Mexico-Stadt nach London", in: HIN – Alexander von Humboldt im Netz, Internationale Zeitschrift für Humboldt-Studien 22/43 (2021), S. 13–28, DOI: 10.18443/334 (Zugriff: 24.02.2022).

10 Wie Anm. 3, Taf. XL, S. 300 (Hervorhebung im Original).

11 Henry B. Nicholson: „An Aztec Stone Image of the Fertility Goddess“, in: Baessler Archiv, Beiträge zur Völkerkunde 11/1 (1963), S. 9–30.
12 Michael E. Smith: The Aztecs, Oxford 2003, S. 47; Henry B. Nicholson: „Religion in Pre-Hispanic Central Mexico“, in: Handbook of Middle American Indians, Bd. 10, hg. v. Gordon F. Ekholm und Ignacio Bernal, Austin 1971, S. 395–446, hier S. 410, 434.
13 Leopold von Ledebur: Leitfaden für die Königliche Kunstkammer und das Ethnographische Cabinet zu Berlin, Berlin 1844, S. 133.
14 Vgl. EM: IV Ca 4 – KK-A bzw. -B.
15 Vgl. etwa seine Beschriftung der Tafel 11 (wie Anm. 3) mit jener von Planche XX zu Palenque in: Guillermo Dupaix, Antiquites mexicaines, Bd. 1, Relation des trois expéditions du colonel Dupaix, ordonnées en 1805, 1806, et 1807, Paris 1844.

S. 97–103

1 Johann Christoph Adelung: Mithridates oder allgemeine Sprachenkunde: mit dem Vater Unser als Sprachprobe in bey nahe fünfhundert Sprachen und Mundarten, hg. v. Severin Vater, Berlin 1806–1817.
2 Wilhelm von Humboldt an Friedrich Schiller, Anfang September 1800, in: Wilhelm von Humboldt, Online-Edition der Sprachwissenschaftlichen Korrespondenz, Berlin, Version vom 18.10.2021, https://wvh-briefe.bbaw.de/701 (Zugriff: 06.05.2022).
3 Ebd.
4 Jürgen Trabant: Weltansichten. Wilhelm von Humboldts Sprachprojekt, München 2012, S. 73.
5 Wilhelm von Humboldt an August Wilhelm von Schlegel, 17.06.1825, in: Wilhelm von Humboldt, Online-Edition der Sprachwissenschaftlichen Korrespondenz, Berlin, Version vom 18.10.2021, https://wvh-briefe.bbaw.de/1095 (Zugriff: 06.05.2022).

S. 104–107

1 Wilhelm von Humboldt: „Über die Verschiedenheiten des menschlichen Sprachbaus“, [1827–1829], in: Wilhelm von Humboldt: Werke in fünf Bänden, hg. v. Andreas Flitner und Klaus Giel, Darmstadt 1963, S. 186, § 32.

S. 111–117

1 Alexander von Humboldt: „Die Lebenskraft oder der Rhodische Genius. Eine Erzählung“, in: Die Horen. Eine Monatsschrift 1 (1795), S. 90–96, hier S. 91.
2 Wilhelm von Humboldt an Friedrich Schiller, 1797, zit. nach Dresden zur Goethezeit. 1760–1815, hg. v. Günther Jäckl, Hanau 1988, S. 191.
3 Friedrich Schiller: „Die Antiken zu Paris“, nach Friedrich Schiller, Sämtliche Werke in 5 Bd., hier Bd. 1, hg. v. Albert Meier, München/Wien 2004, S. 213.
4 Wilhelm von Humboldt an Friedrich Gottlieb Welcker, Tegel, 12.3.1822, in: Wilhelm von Humboldt. Briefe an F. G. Welcker, hg. v. Rudolf Haym, Berlin 1859, S. 66.

BILDNACHWEIS

S. 10/11: © How & Nosm, Kulturprojekte Berlin und Stiftung Stadtmuseum Berlin / Stiftung Humboldt Forum im Berliner Schloss, Foto: Andreas König

S. 12/13, 57, 118: Stiftung Humboldt Forum im Berliner Schloss / David von Becker

S. 17: bpk / Dietmar Katz

S. 19: © Photo Josse / Bridgeman Images

S. 21: bpk / RMN - Grand Palais / Thierry Le Mage

S. 24: © ARTOTHEK / Ursula Edelmann

S. 27: bpk / Kupferstichkabinett, SMB

S. 29: © Stiftung Preußische Schlösser und Gärten Berlin-Brandenburg, Daniel Lindner

S. 30, 33 o.: © Stiftung Stadtmuseum Berlin, Foto: Oliver Ziebe

S. 31: © Stiftung Stadtmuseum Berlin

S. 33 u.: bpk / Kupferstichkabinett, SMB / Volker-H. Schneider

S. 34/35: Humboldt-Universität zu Berlin, Foto: Philipp Plum

S. 39: Biodiversity Heritage Library. Contributed by national History Museum Library, London

S. 40: © Stiftung Preußische Schlösser und Gärten Berlin-Brandenburg / Wolfgang Pfauder

S. 42: © Musée Denon

S. 43: © Staatsbibliothek zu Berlin – Preußischer Kulturbesitz

S. 51: Blumenbach, Johann Friedrich: Über den Bildungstrieb und das Zeugungsgeschäfte. Göttingen, 1781, Titelseite recto. In: Deutsches Textarchiv, CC-BY-SA

S. 53: Akademie der Künste, Berlin, Kunstsammlung, Inv.-Nr.: Schadow 1041

S. 54: © Mariana Castillo Deball / Staatliche Museen zu Berlin, Ethnologisches Museum / Stiftung Humboldt Forum im Berliner Schloss, Foto: Cordia Schlegelmilch

S. 55: © José Luis Bongore / Stiftung Humboldt Forum im Berliner Schloss, Foto: David von Becker

S. 56: © Aufnahme eines Landstriches / Nelson Vergara

S. 60: bpk / Stiftung Preußische Schlösser und Gärten Berlin-Brandenburg / Jörg P. Anders

S. 64, 91, 92, 115: bpk / Staatsbibliothek zu Berlin – Preußischer Kulturbesitz / Carola Seifert

S. 68 o.: © Felipe Fried. Courtesy of the artist

S. 68 u.: Archivo Histórico Ministerio de Cultura y Patrimonio del Ecuador, Kat. 02509

S. 70 o.: picture alliance / dpa / Bernd von Jutrczenka

S. 70 u.: © Fabiano Kueva, Archivo Alexander von Humboldt. Courtesy of the artist

S. 72/73 o.: © Fabiano Kueva, Archivo Alexander von Humboldt / Stiftung Humboldt Forum im Berliner Schloss, Foto: David von Becker

S. 72/73 u.: © José Alejandro Restrepo / Stiftung Humboldt Forum im Berliner Schloss, Foto: David von Becker

S. 77: © Colección Biblioteca Francisco Xavier Clavigero / Universidad Iberoamericana Ciudad de México

S. 79: Banco de la República de Colombia, Foto: Oscar Monsalve

S. 83: © Botanischer Garten und Botanisches Museum Berlin, Foto: Christine Hillmann-Huber

S. 84: Herbarium, Botanischer Garten und Botanisches Museum Berlin

S. 85: akg-images / Gilles Mermet

S. 86: © Botanischer Garten und Botanisches Museum Berlin, Foto: T. Geisler

S. 89: © Staatliche Museen zu Berlin, Ethnologisches Museum / Stiftung Humboldt Forum im Berliner Schloss, digitale Reproduktion: Jester Blank GbR

S. 90: Universitätsbibliothek Leipzig / SLUB Dresden, Public Domain

S. 94: © Staatliche Museen zu Berlin, Ethnologisches Museum, Foto: David von Becker

S. 102: © Staatsbibliothek zu Berlin – Preußischer Kulturbesitz

S. 103: © Staatsbibliothek zu Berlin – Preußischer Kulturbesitz, Foto: Lorenz Kienzle, Ronka Oberhammer

S. 107: National Portrait Gallery, Smithsonian Institution, CC0 1.0

S. 108, 109: © Justine Gaga / Staatliche Museen zu Berlin, Ethnologisches Museum / Stiftung Humboldt Forum im Berliner Schloss, Foto: Stefanie Loos

S. 116: Archivo Histórico Ministerio de Cultura y Patrimonio, Quito, Ecuador, Foto: David Blankenstein

S. 117: Artokoloro / Alamy Stock Photo

Cover, S. 61, 100: Biblioteka Jagiellońska, Krakau

Cover, S. 65: Bibliothèque nationale de France, Paris

Cover, S. 95: © Mikko Gaestel / Stiftung Humboldt Forum im Berliner Schloss, Foto: David von Becker

Innenklappe vorn: akg-images / Pictures From History

Innenklappe hinten: The Morgan Library & Museum. 2006.20.

Bildlegende S. 118:
Die Künstlerin und Journalistin Diana Rico im Gespräch mit dem Künstler Aimema Urue auf den Treppenstufen des Humboldt Forums bei einem Zusammentreffen anlässlich des 250. Geburtstags Alexander von Humboldts, 2019

IMPRESSUM

Herausgegeben von der Stiftung Humboldt Forum im Berliner Schloss

Konzeption und Projektleitung: David Blankenstein
Projektmanagement Humboldt Forum: Susanne Müller-Wolff
Textredaktion: Kay Usenbinz
Bildredaktion: Barbara Martinkat

www.humboldtforum.org

Die Stiftung Humboldt Forum im Berliner Schloss dankt herzlich allen Autor*innen für die freundliche Zusammenarbeit. Ebenso danken wir allen hier nicht namentlich Genannten, die zum Gelingen dieses Buches beigetragen haben.

Gefördert von der Beauftragten der Bundesregierung für Kultur und Medien aufgrund eines Beschlusses des Deutschen Bundestages.

Die Beauftragte der Bundesregierung für Kultur und Medien

Die Deutsche Nationalbibliothek verzeichnet diese Publikation in der Deutschen Nationalbibliografie, detaillierte bibliografische Daten sind über www.dnb.de abrufbar.

Projektleitung Verlag: Anja Besserer
Koordination und Lektorat: Barbara Delius, Berlin
Übersetzung aus dem Spanischen: Michaela Meßner
Herstellung: Andrea Cobré
Layout: Friederike Wolf (NLF Team) in Zusammenarbeit mit Frieder Oelze
Satz: Barbara Delius, Berlin
Lithografie: Reproline Mediateam, München
Druck und Bindung: Aumüller Druck, Regensburg
Schrift: ABC Gaisyr, ABC Oracle
Papier: 135 g/m² Magno Satin

FSC
www.fsc.org
MIX
Paper from responsible sources
FSC® C017373

Penguin Random House Verlagsgruppe FSC® N001967

ISBN 978-3-7913-7954-8 (Deutsche Ausgabe)
ISBN 978-3-7913-7955-5 (Englische Ausgabe)

www.prestel.de